リフレクティブ・マネジャー

一流はつねに内省する

中原淳　金井壽宏

光文社新書

◇リフレクティブ・マネジャー　目次◇

はじめに

本書は、『リフレクティブ・マネジャー——一流はつねに内省する』というタイトルどおり、リフレクション（内省）をキーワードにしている。

リフレクションを生かすには、ふたつのことが肝要だ。ひとつには、アクションとつながっていることであり、もうひとつは、節目にそれをおこなうというタイミングだ。その意味では、サブタイトルは、正確には、「一流は、ここぞという大事な場面ではつねに内省したうえで、アクションがとれる」という意味合いである。しかも、過去を振り返るために内省するのでなく、将来をより充実させるための内省は、学びと成長につながる。だから、「働く大人の学びと成長」を扱っている書でもある。人は、学校を出て成人になってフルタイムで働き出しても、成長、発達を続ける。

共著で書いているが、一人は、企業内外で起こっている大人の学習と教育と成長に関心をもつ教育学者、もう一人は、企業に入ってからも続く人の生涯キャリア発達に関心をもつ経営学者である。教育学は、肝心な学びの場でもある企業をあまり扱わず、経営学は、企業などの組織で仕事を通じて、人はいくつになっても学習し成長・発達することをあまり扱ってこなかった。かつて、企業内教育は教育学の中では傍流であった。企業外教育は社会教育が扱ってくれていれば教育学に内包されるが、働く人の企業外のネットワーキング機会などの研究調査は、十分ではなかった。生涯キャリア発達は経営学の中ではテーマにもならなかった。その流れがいま変わりつつあるが、その推進にも貢献したい。きびしい時代だから、自分を磨きたいと思う人にも、また、きびしい時代なのでいっそう社員の成長が大事だと決断する経営者にも、本書でヒントを見つけてくだされば、著者ふたりにとっては、望外の喜びとなる。

アクションにつながるリフレクション

アクション（行為）とリフレクション（内省）。このふたつの言葉を並べて、どちらが大事か、少なくとも、どちらが先かというと、アクションを挙げる人と、リフレクションを挙げる人に分かれることだろう。

私は、考えること、それもできれば、大きく深く考えることが、節目ではとても大事なことだと思っている。同時に、相田みつを氏の標語ではないが、「考えてばかりいれば、日が暮れてしまう」。やるべきことをしっかりやりぬくことは、とても大事だ。

アクションに根付き、アクションを導くものこそ、尊いと思う。経営学の世界でも、かつての『エクセレント・カンパニー』の調査では、超優良企業の特長、そしてそこで働く人の特長は、アクション・バイアス（実行重視）ということであった。また、『リーダーシップの旅』を一緒に書いた野田智義さんと共通の友人（であり、野田さんには師匠、金井にはMITの先輩でもある）スマントラ・ゴシャールは、ほぼその人生観を語ったような遺作『ア・バイアス・フォー・アクション』（訳書名は、『意志力革命』）を書いた。

もっとさかのぼれば、晩年のゲーテは、『ファウスト』で、新約聖書のヨハネによる福音書を手に「最初にロゴスありき」というギリシャ語原文をどのようにドイツ語で訳すか、考え込む。「初に語《ことば》ありき（Im Amfang war das Wort）」これには違和感があり、すべての言葉には意味があるので、そちらのほうが大事だと考え、「初に意《こころ》（Sinn）ありき」と訳し直そうとする。しかし、そこからあらゆるものが造り出されると思われず、さらに「初に力《ちから》（Kraft）ありき」と修正する。これでも違和感があり、「初に業（Tat）ありき」と紙に書いてみてやっとしっくりくる。すべての大元はアクションであるという前向きな人生観を、最も成熟した段階のゲーテは、聖書をドイツ語に訳したルターの姿をファウストに重ね合わせてこう独白させたのであった（「初に……ありき」の和訳は、『ファウスト』岩波文庫、森林太郎訳による）。Tatは、「業」と訳されているが、行為、アクションのことである。

最初にアクションありき。

冒頭の問いかけに戻ろう。アクションとリフレクション（内省）のどちらが大事か聞かれたら、しかも、両方という答えはだめで、どちらか選べといわれたら、私は、アクションを選ぶ。それが生きていることの根本であるとも思う。

しかし、人はただ生きているのでなく、意味ある生き方、働き方を望んでいるのなら、アクションだけでは足りない。リフレクションの出る幕がある。とくに今までのやり方に疑問が出てきたり、今まで通用したことが通用しなくなったりしたときには、いったん歩みを止めて、（あるいは、ちょっと危ないが歩みながら）考えることが大事だ。しかも、一人くよくよ考えごとをするのではなく、だれか対話の相手をもちながら、議論の中で考えることが大事だ。

タイトルの意味、そして本書全体で言いたいこと

本書で、われわれが、「リフレクティブ・マネジャー」という言葉でイメージしているのは、そんな意味で、節目の内省がうまくできて、対話を重ね、節目だからこそ、いっそう深い内省に支えられたアクションができて、その動きを部下たちと連動させることができるようなマネジャーをイメージしている。

今、時代が節目、キャリアが節目、所属する組織も節目なら、アクションを踏まえて内省して、次のいっそう力強いアクションにつなげる必要があるのは、マネジャーだけではない。だから、マネジャーを素材に議論しているが、働くだれもの問題として、アクションに基づき、アクションを導くリフレクションについて、語りたい。

リフレクションが大事なのは、それがアクションに基づいており、また、それが次のいっそう充実したアクションを誘導してくれるからである。リフレクションそのものは、定義により一人でするものだが、リフレクションの結果、感じたこと、気づいたこと、思ったこと、

考えたことは、他の人びとと話し合った方がいい。ダイアローグと組み合わさったリフレクションが今ほど、求められている時代はないのではなかろうか。

学習は、本来個人レベルの現象だが、内省を出発点に、一人でなく、他の人びととおもに対話、議論、薫陶《くんとう》から生じた学習は、個人としては深まり、他の人びとに広がっていく。他者からの内省支援が成長感にもつながるという発見事実が、本書でも述べられている。また、個人レベルを超えて、クリス・アージリスが強調したとおり、内省と対話で、学習が個人間で連動していけば、組織学習となる。しかも、これまでのやり方とは違う新境地をうまく乗り越える組織レベルの変革は、二重ループ学習を通じて実現される。この点も加えると、本書全体を通じて言いたいことは、次のようになる。大人になってフルタイムで仕事の世界に入ってからの成長、発達には、仕事の世界での経験のリフレクション、ダイアローグ、アクションにつながる持論の獲得（という意味での学習）が、鍵を握る。キャリア上の経験を深めるにつれて、リーダー格になる頃には、持論でもって若手を育て、変革の輪を組織レベルに広げる、そんな組織学習を実現するところまでいくのが理想だ。

内省的実践家の意味を取り違えない

けっして忘れてはならないことは、アクションがリフレクションに先立ち、また、学習結果は、次のアクションにつながる点である。ハムレットは、リフレクションばかりしている間に、友人がいなくなり、恋人も自殺し、決断もアクションも起こせなかった。ドン・キホーテは、騎士道を信じて旅に出て、イマジネーション豊富でアクションの連続だが、自分のやっていることの意味についてのリフレクションが足りない。いくらリフレクションが大事でも、アクションにつながらないといけないし、いくらゲーテよろしく、最初にアクションありきでも、ずっとアクションばかりで、節目においてさえ、将来展望のための振り返り、プロスペクティブ・リフレクション（prospective reflection、将来を見越した内省）ができないと、取り憑《つ》かれたように動き回っているだけになる（ゲーテは、『ファウスト』の中で、オイフォリオーンに、取り憑かれたように動き回る、飛び回るだけの役柄を与えたが、そのモデルは、バイロンだと言われている）。

さて、本書の冒頭で、内省的実践家（reflective practitioner）という言葉で、ドナルド・ショーンが広めたかった考えを思い起こすのは、読み進む上での導きとなるであろう。リフレクションしているからこそ、いっそう上手にプラクティスできる人こそ尊い。能書き（うわべの、あるいはタテマエの持論、espoused theory）でなく、アクションにつながるコツ（実際に使用している、あるいはホンネの持論、theory-in-use）を、リフレクションと対話の結果、もつようになった人が、内省的実践家だ。ショーンやアージリスが、教師やコンサルタント、建築家やカウンセラーにおこなってきたことは、アクションにつながる持論を内省の結果見つけるための、対話の相手なのであった。

節目のリフレクション

世界全体がグローバリゼーションという軸で節目にさしかかっている。経済、政治の両面でも節目で、いくつかの産業は大きな節目を迎えている。その中で、ひとつひとつの企業にも節目の課題がある。ひょっとしたら、これを手にして読んでおられる一人ひとりの個人も、そのようなタイミングで節目を経験し、節目の課題に直面しているかもしれない。

私は、節目だけは、しっかり考え、考え、考え抜いて、自分の歩むべき方向を選んだら、あとは、アクションに傾くこと、アクションを取り始めたら、勢いに乗って進むことが大切だと思っている。キャリアの研究を通じてこのことを実感してきた。節目でも、多忙の中に流されているだけだと、疲弊する。節目だと実感したら、今のアクションが時宜にかなっているのか、振り返るべきだ。節目の先の将来を見据えながら。節目のリフレクションとは、来し方（これまでのアクションの足跡）を意味づけながら、これからの行き先、そしてそこへの自分らしい歩み方を構想するための内省だ。ここでいうリフレクションは、過去を意味づけ、将来を構想する、その中で、過去には通用したけれどもう成り立たない考え方ややり方は棄て、新たなやり方を考え抜くことでもある。

リフレクションはアクションにつながることが大事だと述べたが、これまでのアクションや経験の結果、自分なりの持論をもち、それをもってより自信ある歩みをするための内省機会は、持論をしばしば改訂することも要求する。それが、学び、成長を促し、次のステップで、よりスケールの大きいアクションができたら、すばらしい。

「はじめに」で、本書の行く先を展望させてもらった。長めの記述となったが、ここで論じたリフレクションとアクションの関係を念頭に置きつつ、本文をご覧いただけると幸いである。

金井壽宏

第1章　「上司拒否。」と言う前に

課長はこうして選ばれていた●中原

私が授業などでよく使う番組映像がある。NHKが一九八六年に放送した『課長はこうして選ばれる』というドキュメンタリー作品だ。

舞台となる企業は、国内最大規模のコンピュータメーカー。映像の中では社名が公表されているが、ここでは仮にA社としておこう。番組冒頭では、年間売り上げ一兆四〇〇〇億円、社員数五万人、大卒の新入社員数は一〇〇〇人などと、当時の事業規模が語られる。今振り返れば、その頃は、日本経済がちょうどバブル景気にさしかかった時期でもあった。しかし当然ながら、ナレーションはそのことにはふれない。A社では毎年の大量採用によってポスト不足が深刻化し、社員の処遇が人事戦略上の難問になっているなどと、状況が淡々と説明される。

番組を通じて取材班は、A社内で半年間にわたって実施される課長昇進試験に密着する。A社としてはこの試験を「人材養成の研修」とも位置づけていたようだが、番組タイトルにもあるように、実質的な試験だったと見るべきだろう。その年、試験に挑んだのは、一九七一～七三年入社の団塊世代が中心で、年齢は三〇代後半。今ではそろそろ定年を迎えたか、でなければ役員に上り詰めているかもしれない人たちだ。

試験は二段階に分かれている。第一関門では六科目のレポート試験が行われる。受験者は自分の職種や専門分野とは関係なく、財務会計、経営戦略、労務管理などマネジャーになるための〝必須知識〟を習得し、期限内にレポートをまとめなくてはならない。学習の仕方は徹底した詰め込み式だ。ある受験者は休日には子どもの勉強机を占領し、テキストや資料を広げる。子どもが庭の鉄棒を指して「逆上がりを見せて」とせがんでも、お父さんには付き合う暇も余裕もない。猛勉強の光景は、「科挙」さながらである。

レポート提出までの期間、受験者たちが日常業務から解放されるわけではない。二〇人のプロジェクトチームを率いるある受験者は、本業の方が忙しく、レポート作成に手間取ってしまう。本人にはプレッシャーがかかるが、直属の上司である部長は「それを乗り越えられないようじゃ、管理職になれない」と厳しい視線を送る。

番組には、かつて試験期間中に過労で倒れてA社を去った元社員も出てくる。「今までやってきたことは何だったんだろう。個人の論理と企業の論理が一致しないのは当たり前かもしれないですけど」とその男性は寂しげに話す。

レポートの採点を依頼されている大学教授も、インタビューに対して複雑な思いを吐露する。「ちょっと怖い感じですね。これで人の一生が決まる可能性もあるわけですからね」

受験者が手書きで作成したレポートは、職場内で「書記さん」と呼ばれる若い女性たちがワープロで打って清書する。彼女たちの幾分冷めた見方も興味深い。マイクを向けられると、「(受験者は) みんな徹夜ですよ」「試験がなくても、なんとなくおかしくなっちゃう人もいないわけじゃない」「勉強のしすぎなんですよ」とあっけらかんとした口調で言う。

受験者たちは六科目のレポートを何回も書き直して提出する。そのうち次のステップへと進むことを許されるのは、最低三科目で合格点をとった人に限られる。

第二関門は論文発表だ。「二一世紀に向けて会社は何をすべきか」をまとめ、暗記して、役員の前でプレゼンテーションしなくてはならない。一五分間の発表で、企画力、職務知識、表現力などが試される。

この論文発表に先立っては、部長始め職場の管理職全員が受験者をビシビシしごく。受験者たちを立たせて発表のリハーサルをやらせ、「何を企画したのかが明確ではない」「説明に迫力がない」などとダメ出しを繰り返す。

ある受験者は自宅にビデオカメラをセットし、家族の前で発表の練習をする。時計を見ながら時間をチェックするのは、小学生とおぼしき息子の務めだ。頑張るお父さんのために、

「一〇分たったよ」などとけなげに経過時間を知らせる。まだ高価だったはずのビデオカメラを試験のために大枚をはたいて購入したのだろうかと、私の中で勝手に妄想がふくらむ。

論文の暗記に、あの頃一世を風靡《ふうび》したウォークマンが使われる様子も映し出される。それでも暗記がはかどらない受験者には、部長がわざわざ出張先のホテルからも電話をかけてきて、「(練習を)奥さんに聞いてもらえ」などとせっつく。

やがて論文発表当日。昔懐かしいOHP(オーバーヘッド・プロジェクター)を使って手際よく発表を進める人、徹夜明けで慌てて試験会場に駆けつける人、役員から質問を受け、思わず言葉に詰まる人など、運命の日を迎えた受験者それぞれの様子が映し出される。その後、取材ディレクターが受験者の一人に、今回の試験に受かるか落ちるかで人生が変わるのではないかと尋ねると、その男性は悟りきったように答える。

「案外、楽天的なところがあるんで、深刻には考えないんですよ。なるようにしかならないと思ってますんで。ある意味では岐路なのかもわからないけど……自分では今を精いっぱい頑張ろうかなと思っている」

番組中、カメラが追った受験者は、最終的に全員が課長昇進試験に合格した。全体では、総合点六九・五八点までが合格、六九・五六点から下は不合格、「わずか〇・〇二点の差が人生の分かれ目となった」とナレーションは伝える。そして「大量採用を続ける企業にとって、将来を託す幹部社員の選別と組織の活性化を同時に達成することが、新たな課題になってきている」という言葉で番組は締めくくられる。エンディングに流れたのは、ビートルズの『レット・イット・ビー』だった。

光り輝いていた課長の椅子●中原

ここまで読み進めてきた読者のみなさんは、どんな印象を受けただろうか。

私には、この映像を見て印象深かったことが三つあった。

第一に、A社では、「研修」と称して行われる詰め込み学習の成果が、そのまま昇進に連動していた。課長昇進試験の受験者は、仕事に必要とされる知識をどれだけ身につけているか、どれだけ駆使できるか、またはできそうなのかを点数で測られ、合格者が課長に選ばれていた。この点は、マネジャーになった後で初めて研修を受ける現在の管理職育成システムとは順序が逆さまになっている。

管理職候補たちが学ぶ内容も、当時と今とではかなり様変わりしている。映像の中の受験者たちは、たとえば「人事労務管理」を教科書で学んではいたけれど、部下のやる気をどうやって引き出すかとか、どうやって部下を引っ張るか、部下をどう育成するかといった実践は学んでいなかった。要するに、昨今のマネジャー研修にはたいてい組み込まれているモティベーション、リーダーシップ、コーチングなどのソフトスキルは、二〇年ちょっと前までは管理職が学ぶべきものとは見なされていなかったのだ。マネジャー選抜にあたって重視されたのは、会社や業務に関する知識、そして人を管理する技術についての知識だった。

第二に、課長昇進試験は、家族をも巻き込んだ形で行われていた。お父さんたちは家に帰ってからも教科書を開き、論文発表の練習も妻子に支えてもらいながらやっていた。その風景は一見ほほえましくもあり、幼い息子や娘たちの目には、猛勉強にいそしむ父親の姿が誇らしく映っていたかもしれない。

けれども、この風景は、当時はそれだけ「家族の会社化」が進んでいたことを物語ってもいるのかもしれない。あの時代は、運動会などの社内イベントに従業員の家族が参加するのも常態だったと推測される。悪く言えば、個人やその家族が企業に隷属していた。

そして第三に――これが一番の驚きなのだが――少なくとも今から二〇年ほど前までは、課長昇進が、会社勤めをしている人たちの「成功のメルクマール（指標）」だったということが、この映像からは確実に読み取れる。

Ａ社の管理職候補たちは、昇進試験に合格し、課長になることで職場での信頼をかちえ、たぶん家族からも尊敬されていたに違いない。合格するまでの苦しい日々も、後に管理職になった者同士の間では「あのときはきつかったなあ」と言い合える共通体験として、記憶に刻まれたことだろう。昇進試験は受験者がキャリアを確立する上での大きな分かれ道であり、管理職になるにあたってのイニシエーション（通過儀礼）でもあった。そのような試練をくぐり抜けてでも到達する意味のあるポストが課長だったのであり、課長の座は、サラリーマンなら誰もが一度はめざすべき「地平」だった。ひと言で言うなら、「課長の椅子」は光り輝いていた。

私がさまざまな場所でこの映像の話をすると、番組の主人公たちと同世代、もしくはその前後ぐらいのビジネスパーソンは、おおむね「懐かしい」という感想を抱くようだ。

もっと下の若い世代になると、反応は二通りに分かれる。「うえっ」と即座に拒絶反応を示す人がいる一方、「会社から、これだけはっきり道筋を示されていれば、あとは会社が自分たちを守ってくれるのを信じて頑張ればいいいってことですよね」とちょっぴりうらやましそうに語る人もいる。

おそらく、この映像が描いた物語にノスタルジーを感じる人たちは、会社の未来と自分の将来を重ね合わせて見通せた、かつての日本企業のあり方を懐かしんでいるのだろう。

番組の中で、当時のA社は、予想を超える円高と半導体不況のあおりを受けて業績が悪化していたと解説されている。だがそれでも、映像に登場する人たちは誰一人として、自社の拡大と成長を疑ってはいなかった。危機感は抱きつつも、会社の未来は明るいはずだと信じている様子だった。だからこそ、受験者たちは、自分の将来をかけて猛勉強にも耐え、輝ける課長の椅子をめざせた。受験者の一人が言ったように、与えられた枠組みの中で、今を精いっぱい頑張ればよかった。

けれども、今の日本企業を取り巻く状況はそれとは違う。世の中全体の不確実性と複雑性が増し、誰もが未来を見通しづらくなっている。どんな会社だっていつまで存在できるかわからない。私たちの眼前には、「見通しのきかない世界」「ゴールの見えない世界」が果てしなく広がっており、誰もが言いようのない不安を抱きしめて夜を過ごしている。

「見通しのきかない世界」「ゴールの見えない世界」の中で、課長のポストは色あせ始めた。「課長の椅子」が「成功のメルクマール」と見なされることはもはや少なくなった。

そうした動きが少しずつ顕在化したのは、九〇年代頃からだった。ポストバブル期に成果主義の導入が各企業において進み、年次による単純な昇進レースは所与のものではなくなった。この時期を境に、中間管理職のいわゆる「プレイングマネジャー化」も進み、自らも達成目標をもちつつ部下を率いる課長が増えた。一方で、コンプライアンスの問題もクローズアップされるなどして、管理業務それ自体も、かつてとは比べものにならないほど増えた。

さらにはグローバル化の流れによって、仕事の規模が大きくなり、あるいは仕事のスピードが急激に増した。そうすると、以前のように仕事をうまく切り分けて若手に任せるのが難しくなった。働く人たちの多忙化によってコミュニケーションの機会もどんどん減り、IT化はその傾向に拍車をかけた。職場での人材育成が機能不全に陥り始める中、課長は、業績を上げつつ、人が育つ環境も整備しなくてはならないというアポリア（難問）を背負うことになった。

今日も課長は、昼間は息もつかずに働く。そして夜になり、茫然と職場に立ちつくしてつぶやく。

「今の私は、あの頃の私がなりたかった『私』なのだろうか？」

それって、課長のせいですか？●中原

課長の椅子が輝いていた時代から二〇年……このわずか二〇年の間に課長の役割、そして

課長に対する人々のイメージは劇変した。それでは今の課長はどのような存在なのだろうか。私が身の回りで聞いた話から、その輪郭を探りたい。

まず、現在の課長は、会社や職場で生じるあらゆる問題に対処すべき存在＝「場当たり的な問題解決者」として位置づけられることが多くなっている。しかし、日々の仕事で多忙を極める課長に、それ以上の負担を、何の支援もなしに押しつけることはできない。そこで「教育」という名の処方箋が出される。問題解決者としての課長に、何らかの教育的処方箋を提供することが支援とされ、それさえ提供すれば「万事解決」と見なすかのような安易な風潮が生まれつつある。

たとえば、ある企業の人材育成担当者から、人事コンサルタントにこんな研修の依頼が舞い込む。

「最近、うちの会社って元気がなくて。やっぱり職場を元気にするのは課長でしょ。そこで課長向けにバーンと、何かよい研修がないでしょうか」

別の企業からは、こんな依頼が寄せられる。

「実はですね、課長向けの教育を打ちたいんです。なんか、うちの会社ってイエスマンばかり多くてね。雰囲気を変えたいんです、まずは課長から。だって、そういう雰囲気を変えられるのは課長でしょ?」

　会社や職場の問題がどんな性格のものであっても、その処方箋の宛先は「課長」とされる。関係者の中には、問題の原因は課長ではなく、役員以上のマネジメントの問題だと気づいている人もいるのかもしれないが、それでも「対処すべきは課長」と判断されることが多い。なぜなら役員以上のマネジメントに対して、下の立場から介入を行うのは難しいからだ。

　かくして課長たちは、ただでさえ忙しい中、「会社を元気にするための研修」や「会社のイエスマンを減らす研修」を受講させられる。

　このように課長やマネジャーのやるべきことは、限りなく広がり始めた。あらゆる問題は現場のマネジャーのせいにしておけばいいという「マネジャー落ち」、どんな問題でもマネジャーならなんとか解決してくれるだろうという「思索なきマネジャーロマンス」が広がり、課長やマネジャーのポストに問題がポンポンと放り込まれている。

　しかし会社に元気がないこと、会社にイエスマンが多いこと、これらは本当に課長の問題だろうか。マネジャー個人に何らかの短期的処方を下すことで、問題は本当に解決するのだろうか。

「それって、課長のせいですか?」

会社の中から、そう声を上げる人はなぜ出てこないのだろうか。

「誰も行きたくないカラオケ」という悲劇●中原

現在の課長が置かれている立場を示す例として、ある会社関係者からは、こんな話も聞いた。「誰も行きたくないカラオケ」という話だ。

これは、三五～四〇歳（一九六九～一九七四年生まれ）ぐらいの新任課長が、自分の上司に当たる部長から「今年はわが職場に久しぶりに新入社員が入ったから、しっかり面倒を見るように」などと命じられたときに起こる。

新任課長の世代は、自分より上の世代からは「仕事は俺の背中を見ておぼえろ」と言われてきたので、教えられた経験が少ない。また自分のすぐ下はいわゆる就職氷河期世代であるため、後輩の数が少なく、したがって教えた経験も少ない。

部長は課長に「若いやつらとはカラオケでも一緒に行けばいい。飲んで歌わせておけば、大丈夫だよ」と軽く言う。

課長としては、ここ数年カラオケなんて行ったことがなく、最近の歌もよく知らないので、あまり気が進まない。でも上司の勧めなので、行かないわけにもいかない。しょうがない。

「今夜、カラオケでも行かないか」と新人たちを誘う。

一方、新人たちにしてみれば、アフターファイブに会社の人と飲みに行くという慣習そのものになじみがない。内心「面倒なことになったな」と思うのだが、会社に入って早々、上からの誘いを断るわけにはいかない。

かくして、課長と新人たちがカラオケボックスに集まって、各々がひたすら曲を入れて歌い続けるものの、まったく盛り上がらないという「切ない状況」が生まれる。課長は新人が歌う最新のヒット曲をほとんど知らない。新人は課長が歌う往年のナンバーに関心がない。お互い口ずさみ合えるわけでもなく、ましてハメを外せるはずもない。だいたい、そこに居合わせた誰一人として「歌いたい」とは思っていない。密室を曲が流れ続ける中、ただ時間が過ぎるのを待つのみだ。

もちろん、二時間の利用時間が終了すれば、延長されることもない。凍てつくような雰囲気のまま、その場を離れ、みんな家路につく。

「誰も行きたくないカラオケ」は、金曜の夜に、あちこちの盛り場で繰り返されている。課長・新人双方の居心地の悪さ、とりわけ、盛り上がらないとわかっていながら新人をカラオケに誘わなくてはならない課長の気苦労は、察するにあまりある。

　しかし、いくら気が重いからといって、課長も立場上、新人から逃げるわけにはいかない。新人を組織に適応させるべく積極的に支援する役割が、課長には課されているからだ。先ほど話した通り、課長は部下育成という大きな課題を、上司と若手に挟まれてひとりで担っている。自ら教えた経験も、面倒を見てもらった経験もないにもかかわらず、世代継承の責務を負わされ、孤軍奮闘している。

「それって、私だけの仕事ですか?」とため息をつきながら。

カウンセリングするマネジャー●中原

大庭さよ・藤原美智子両氏の論文「〈学び〉の場から〈働き〉の場へ——ある一企業社員のインタビュー調査から」(『カウンセリング研究』第四一巻第二号、日本カウンセリング学会、二〇〇八年六月)は、企業に就職した新入社員が、希望とは違う部署に配属されたときの幻滅体験と、そこから組織に適応していく過程での認知や行動を明らかにし、さらには新人の適応感と上司のかかわり方の関係を詳述している、非常に示唆に富む論文だ。

　論文の中には、次のような新人の言葉が並んでいる(原文のまま抜粋)。

・配属時は職場に不満足だったが、やがて適応できた新人

A氏「上の人は上の人で、結構、下のこと考えてくれている。教えてくれたりして。心底、僕らは尊敬、信頼している。この人と一緒に仕事しているから大丈夫。だから仕事、生活的なこと、コミュニケーション的なことで不安はないですし。だから今は結構仕事おもしろい。吸収しつつ。先がいっぱいなんで」

F氏「うーん最初はつらかったです。最初の二カ月はほんとに……（何がつらかったんですか？）上司が悪くって。みんなから嫌われていました。（どういう感じでした？）うーん、なんと言いますか、口調が悪いんですよ。口調が悪いと言いますか、いきなりこれやって……っていきなり言ってきて。こっちは何もわからないじゃないですか。それなのにできなかったらブーブー言うんですよ。それでアタマ来て、リーダーに相談して上司を替えてもらいました。（略）もうやめたいんですけどって言いました。リーダーはわかってくれたんで、替えてくれましたね。（略）上司が替わってからは徹夜とか何回もしたんですけど大丈夫でしたね。やっぱり上司が原因ですね」

・配属時に職場に不満足で、組織に適応していない新人

G氏「どこでもつらいと思うことは絶対あると思うけど、今の仕事は割合的につらいことのほうが多い。何が嫌かというと、この人の下についていて、自分は仕事ができないし、達

成感もない。（略）異動希望申告書が通れば替わるかもしれない。ここがイヤなだけで、会社全体が嫌なわけじゃないから」

H氏「聞け、聞けとは言ってくれてるんですけど、その……聞くじゃないですか、そうすると、ボクの言い分ですよ。僕なりの考えでいくと、たとえばね『これいいね、でも、ちょっとこういうとここう直すともっといい』みたいな言い方してくれればいいけど『こんなのだめだ。はん』みたいな感じなんですよ。そうするとね、えっとなんていうんですか、なんか失うものがあるじゃないですか、僕の中で、自信なり、なんか意欲なり。そういう言い方しなくてもいいんじゃないかなって思うと、もう次が聞けなくなっちゃうんですよ」

こうしたインタビューを基に、大庭・藤原両氏は、新人の適応感には直属の上司の影響が大きいと結論づけている。上記の発言プロトコルから推測するに、両氏の指摘は正鵠《せいこく》を射ており、興味深い。

だが、新人の組織適応における上司の役割の重要性を承知しつつ、私は上司の立場に思わず同情してしまうところもないわけではない。なにしろ、上司つまり課長やマネジャーは、希望しない部署に配属された新人の話をよく聞き、やさしく仕事を教え、丁寧にアドバイスし、新人が仕事に面白さを見出せるように導き、それで新人がうまく組織に適応できればいいが、うまくいかなければ、新人から「上司が悪かったから」と批判される可能性もあるのだ。となると、その役割は、部下の育成・指導というよりはカウンセリングに近い（上記論文の掲載誌タイトルと学会名がまさにそうであるように！）。

かつて課長は部下に対して指示・命令を下す存在だった。組織への適応もモティベーションの喚起も、課長ではなく部下本人の責任だった。ところが、今のマネジャーには、部下に組織に適応してもらうこと、部下を「その気」にさせることが求められ、カウンセラーとしての役割が重要性を増している。

「それも私の仕事ですか？」などと言ってはいられない状況なのだ。

「上司拒否。」●中原

少し視点を変えよう。個人的な話をすると、私は一九七五年生まれで、現在三三歳。同期生の大半はサラリーマンになり、ちょうどミドル予備軍に当たっている。そんな友人たちとたまに会って飲んだりすると、彼らの何気ない会話から、同世代が今の上司や今後の自分の将来をどう見ているのかをうかがい知ることができる。

同期たちが、仕事について話すときの典型的な語りは、誰かが「上司って何も考えてないよな」と言い出せば、「そうだよなあ」と応じることであり、「上司になるって悲惨だよな」と話題が流れれば、「ああはなりたくないよな」と受けることだ。

こうした会話にひそむメンタリティを、私はこっそり「上司拒否。」と名づけている（「。」を付ける理由は後で述べる）。おそらく彼らは、自分たちの周りにいる上司が現状に追われてばかりいるようなのを見たり、難問を背負い込まされ、四苦八苦しているようだったりするのを観察しているうちに、だんだん上司との距離を置くようになり、「自分たちはああはなりたくない」と思うに至ったのだろう。その意味では、「上司拒否。」は「学習された結果」と言える。

教育学者フィリップ・ジャクソンは、教える側が、自分が教えたいと思う内容とは別に、無意識かつ暗黙のうちに学習者に伝達してしまう価値観、行動様式、知識などのことを「ヒドゥンカリキュラム（hidden curriculum）」と呼んだ。

たとえば、かつての学校教師たちが子どもたちに「男子は前、女子は後ろに並びなさい」と命じていたとき、その教師は「男が先で、女は後」という価値観を子どもたちに無意識かつ暗黙のうちに獲得させていた可能性がある。

ヒドゥンカリキュラムの概念を拡大解釈して、企業の文脈にあてはめるならば、会社の上司は、自分が部下に指導している業務内容の他に、自身の身体、あるいは自身のマネジメントを通じて、「マネジャーの仕事とは何か」や「マネジャーになることで何を得て、何を失うのか」を暗黙かつ無意識のうちに伝えてしまっている可能性がある。つまり、「会社を元気にせよ」「イエスマンをなんとか減らせ」「新人とカラオケで歌え」といった理不尽な要求をされ、半ば無力感をおぼえつつ働いている自身のありようによって、上司は「マネジャーとしてのつらさ」を、部下たちに無意識かつ暗黙のうちに伝達してしまっているのではないかと思う。

しかしながら、「上司拒否。」の雰囲気を醸し出す同世代の語りに、一筋の希望を見出せないわけでもない。

「上司になるって悲惨だよな」「なりたくないよな」といった語りだけを聞いていると、彼らが昇進について抱く陰うつなイメージしか伝わってこないが、一方で彼らは「オレなら、こういう仕事のやり方をするのに」とか「オレだったら、こういう職場にするんだけどな」などとポツリともらしたりもするからだ。

先ほど、「上司拒否。」とマルを付けたのは、このあたりの微妙なニュアンスを表現したかったからだ。私たちの世代を支配しているのは、そういったアンビバレント（両義的）な感情であり、友人たちの語りに込められているのは、昇進への「抵抗」ではなく、「戸惑い」であるようにも思う。

また、私たちの世代は、自分の成長や専門性の向上に価値を置いてきた世代でもあり、同期の中には、上司になることに戸惑いを感じながらも、「挑戦」を予期している友人たちもいる。彼らは、自分の成長課題として、いつの日か、上司になることは避けて通れないと心のどこかで感じている。そのときにトライしてみたい何かがあることも、言葉の端々からうかがえる。

マネジャーがわからない●中原

冒頭から、課長あるいはマネジャーの現状について、私が見聞きしてきたエピソードを中心に紹介してきた。ここで「マネジャーの役割は何か」ということについて疑問を提起したい。

私は、今から数年前、それまで研究していたフィールドを離れ、企業で働く人々を対象に研究を進める覚悟を決めた。教育学研究は通常、幼児から大学生を対象とする。それに比べると、企業で働く大人の研究は相対的に量が少ない。

そして、この研究領域に足を踏み入れたとたんに、私はいくつかの疑問に襲われた。その一つが「マネジャーの役割」だった。マネジャーは何に対してどこまでコミットする人なのかということが、実を言うと、私にはいまひとつよくわからない。

たとえば、私はよく企業の人材育成担当者から「マネジャー研修をやりたいので、よい方法を教えて下さい」といった相談を受ける。

「どんなマネジャーを育成したいのですか」と聞くと、たいてい相手は答えに窮する。どうやら「育成したいマネジャー像」のイメージがないらしい。仕方なく、こちらから、「育てたいのは、たとえばこういうマネジャーですか」と水を向けると、「えーと、ちょっと違います」などと困った顔をされる。「だったら、こういうマネジャーでしょうか」と聞き直すと、「うーん、そうでもないんですよ」と首をひねっている。

人材育成の専門集団であるはずの人たちが、どういうマネジャーを育てたいのかをはっきりさせないまま研修を企画するのも奇妙だが、もっと奇妙なのは、巷には教育ベンダーによるマネジャー研修があふれていることだ。「場当たり的な問題解決者」に位置づけられたマネジャーに対して、これらが短期的処方箋として提供される傾向についてはすでに述べた。

そこで金井さんにお聞きしたい。

マネジャーとは何なのか。何にどこまでコミットする人なのか。マネジャーになるとは、どういうことなのか。二〇年前のマネジャーが輝けるポジションだったとしたら、現在におけるマネジャー像の揺らぎを経営学はどうとらえているのか。今、会社で進行しているマネジャー育成のあり方について、あるいはマネジャー育成に携わる人々に対して、経営学者は何を語りえるのか。

そのあたりのお話をぜひお願いしたい。

経営学におけるマネジャー○金井

中原さんの話からは、課長やマネジャーとその予備軍など、本書を手にとってくれそうな年齢層の人たちを表す言葉がいろいろ出てきた。議論の整理も兼ねて、まずはマネジメント（経営管理）の定義から入っていこう。

マネジメントの古典的定義は、H・クーンツとC・オドンネルによる「他の人々を通じて事を成し遂げる（getting things done through others）」だ。ポイントは「他の人々を通じて」ということだ。

たとえば、読者のあなたが、職制上のマネジャーでなくとも、あるプロジェクトで一部分を担当し、自分より若い人が下に二人付き、上司から「後は任せた」と言われれば、その時点でもう「他の人びとを動かす」世界に入門している。この二人を通じてプロジェクトの担当部分を成し遂げるのが、あなたの仕事だ。

しかしこの場合、あなたは予算権を握っているわけではなく、下に付いた二人に対する評価権もない。だから二人に動いてもらうのは、マネジメントによってというより、権限のともなわない純然たるリーダーシップの発揮によってと言う方がふさわしい。担当した仕事がうまくいって、プロジェクトも成功し、その後も実績を重ねて、とうとうあなたが職制上も基幹職とか管理職になったときが、マネジャー誕生の瞬間ということになる。

新任マネジャーにとっての象徴的な出来事は、労働組合を離れることだ。経営学の伝統的な見方にのっとって言うならば、会社は、ひとりではできないことを成し遂げるために「人の結合体」として設立される。株式会社にするのは、出資者が出した出資額を限度に（リターンを期待しながら）リスクをシェアするためであり、そうなると、会社の所有者ではない人が経営や管理の専門家として登用されるようになる。

さらに会社が大きくなると、実際に経営の任に当たるのは経営幹部会議や取締役会などだが、それらに出席する役員と現場の間には距離があるため、マネジメントの役割が分担される。つまり職制上の基幹職や管理職になった人は、その時点で、経営の一翼をフロントライン（最前線）で受け持っている。自分に「課長」の肩書きが付いたからといってそう自覚する人は少ないかもしれないが、課長は経営の側に立ち、人に使われる側から人を使う側に回っている。組合員でなくなるのはそのためであり、冗談っぽく言えば、人はマネジャーになることで「幕府の一員」になる。

ちなみに関西のあるメーカーでは、新任課長にそうした自覚を促すため、「管理職」という名称を廃して「経営職」という名称を課長に付与している。たかが名称と軽く扱えない面白いケースだと思う。

ハーバード・ビジネススクールにいた偉大な歴史学者アルフレッド・チャンドラーは、発展期のアメリカ大陸横断鉄道に着目し、広域にわたる鉄道が定刻通り、事故もなく運行されるためにはミドルマネジャーの存在が不可欠だったと見抜いた。その著作タイトルは *The Visible Hand* であり、チャンドラーは、市場メカニズムを表す「見えざる手」と、経営者の機能としての「見える手」を対比し、経営者の意を受けて大規模組織のために働くミドルマネジャーの役割を発見した（邦訳書は『経営者の時代――アメリカ産業における近代企業の成立（上・下）』鳥羽欽一郎・小林袈裟治訳、東洋経済新報社、一九七九年）。

またグループダイナミクスの見地からのリーダーシップ論などで知られるレンシス・リッカート（ミシガン大学）は、会社は小さなグループが重層的に重なり合ってできていると見て、そういった組織の状態をオーバーラッピング・マルティプル・グループ・ストラクチャー（多重に重なり合う集団からなる構造）と呼び、各層のマネジャーの機能を「連結ピン」と言い表した。パナソニックを例にとって言えば、チームリーダーと呼ばれるフロントラインの管理職は、自分が管轄するユニットと、自分の上司であるグループマネジャーが管轄するユニットとの間で連結ピンの役目を果たすわけだ。

七〇、八〇人規模の会社なら、一〇人ほどの職場が七つか八つ連結ピンで重なり、つながっていることになる。ただし、パナソニックを例にしたことからおわかりのとおり、こうした構造はどんなに大きい会社でも基本的には変わらなくて、従業員数が一〇万人を超すようなグローバル企業でも、十数人から数十人のグループが幾重にも重なり合って成り立っていると見なすことができる。さらに、この考え方に立つならば、トップと新人以外はすべてミドルであると言えなくもない。（図1）

リッカートのような考え方は、長らくミドルが重要な役割を果たしてきた（そして願わくは今後も果たし続けてほしい）日本企業において、とりわけ重要な意味をもつ。そして日本

図1　多元的重複集団構造とリーダーの連結ピン機能

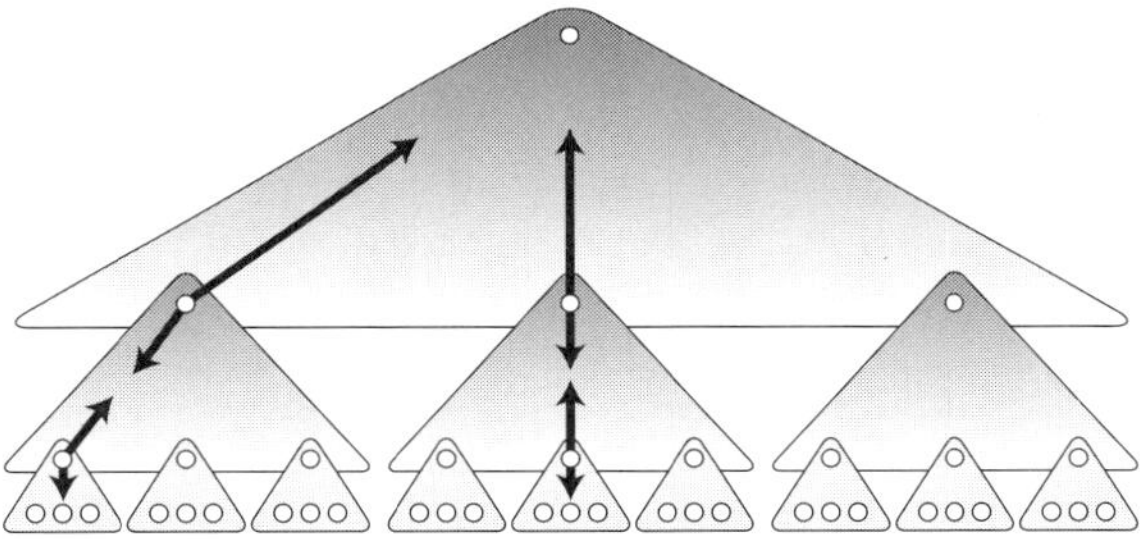

（矢印は連結ピン機能を示す）

出所）R・リッカート、三隅二不二訳『経営の行動科学：新しいマネジメントの探求』（ダイヤモンド社、1964年）

企業の研究で海外にも通用した先進例と言えば、やはり野中郁次郎・一橋大学大学院名誉教授によるそれだろう。

野中教授は、早くも一九八〇年代に「ミドル・アップダウン・マネジメント」という概念を用いてミドルマネジャーの機能をポジティブに打ち出した（"Toward Middle Up-down Management," *Sloan Management Review*, MIT, Spring 1988）。よく意思決定のあり方について、トップダウンとかボトムアップなどと、ミドルの存在を見落とすかのような対比がなされるが、どちらにせよ、言葉のあやでそう言っている面がある。実際の企業活動においては、トップだけがすべてを決めることもなければ、現場からいつでもよい知恵や正しい要望がわきあがってくるわけでもない。間をうまくつないでいるのはミドルマネジャーだ。

ミドルの役割は単に上の考え方を下に垂れ流したり、現場からの要求や突き上げを上層部に具申することではない。上層部の指示をしっかり翻訳し、わかりやすい指示にして下に伝えるとともに、工場の様子、技術動向、消費者の志向などをより現場に近い立場から上層部に伝え、場合によってはミドル発の戦略を反映した変革プロジェクトにも従事する。

野中教授は、そういうミドルの機能に着眼したのであり、もはや「歴史的文書」とも言える論文「活力の原点＝日本の課長―その変貌する役割を探る―」を一九八三年に発表されている（『週刊東洋経済臨時増刊近代経済シリーズNo.65』）。後のものも含め、その一連の研究は、マネジャー、それもミドルマネジャーを経営学に取り戻すことに貢献したとアメリカの研究者からも評価されている。（表1）

無慈悲なまでの目まぐるしさ○金井

もっとも、経営学においてマネジャーの実像や役割を細かな観察によって論考した研究となると、非常に乏しく、「マネジャーは何にどこまでコミットする人なのか」という中原さんの問題提起は的を射ている。

数少ない例外の一つが、マッギル大学（カナダ）やＩＮＳＥＡＤ経営大学院（フランス）

表1　高業績企業と低業績企業の経営管理者のリーダーシップ行動

分類・項目	低業績企業74社の平均値	高業績企業55社の平均値
理念・戦略の具体化		
経営管理者は会社の基本方針とかものの考え方を現場を遊戈して、しつこく説いている。	3.36	3.89***
組織の事業についての理念や領域が明確に定義され日常行動の指針になっている。	3.92	4.20**
鮮度の高い情報の共有		
まず現場に行って情報を出所にさかのぼってナマでとってくることが奨励される。	3.75	4.13**
組織メンバー間の情報のオーバーラップが奨励されている。	3.32	3.87***
最高の情報を共有しようという気風が全社にみなぎっている。	3.10	3.78***
緊張の創造		
リスクにチャレンジすることが奨励される。	2.47	3.89**
経営管理者は絶えず緊張をつくりハングリー精神を維持させようとしている。	3.46	3.93**
たえず一流であることが期待されている。	3.90	4.29***
仲間同士、部門同士の競争意識があおられている。	3.14	3.44**
組織的学習の促進		
経営管理者は部下に早く成功の経験をもたせるように配慮している。	3.30	3.75***
日常の仕事のなかで上司が教師となって意識的に部下を教育している。	3.39	3.93***
過去の成功や失敗の原因、結果が整理・蓄積されている。	3.00	3.36**
信頼の創造		
経営管理者は言ったことは実行するという気風がある。	3.59	4.27***
組織内の上司、同僚、部下の間に信頼感がある。	3.55	4.11***

注）質問は5点尺度。**5%水準で有意、***1%水準で有意

出所）「活力の原点=日本の課長－その変貌する役割を探る－」
（『週刊東洋経済臨時増刊近代経済シリーズNo.65』1983年）

で教え、マサチューセッツ工科大学（ＭＩＴ）スローン経営大学院が生み出した畏敬すべき私の先輩でもあるヘンリー・ミンツバーグによる研究だ。

ミンツバーグは、文化人類学者がサモア島やトロブリアンド諸島などに住む民族の村に入って、そこでの村長の行動をじっくり観察するような手法を採用した。五人のマネジャー（ただしミドルではなくＣＥＯ）に五日間ずつ影法師のようにくっついて、彼らが仕事の場でどういう日常を過ごし、どんなことをどれくらいの時間をかけて行うのかを観察した。

その著作『マネジャーの仕事』（奥村哲史・須貝栄訳、白桃書房、一九九三年、原著は七三年）で、ミンツバーグは、「マネジャーの職能は、計画・組織・命令・調整・統制である」といった従来の教科書的な見方に疑問を投げかけている。

彼が導き出したマネジャーの役割は、①対人関係に関連するもの、②情報伝達を扱うもの、③意思決定にかかわるもの、の三グループに大別され、①については、フィギュアヘッド、リーダー、リエゾン、②では、モニター、周知伝達役、スポークスマン、③に関しては、企業家、障害処理者、資源配分者、交渉者、と三グループで計一〇個が挙げられている。ここでは詳細に立ち入らないが、たとえばフィギュアヘッド（figurehead：船首像という意味）は、調印式、重要なプレス発表、ＩＲ（投資家向け説明）会議、式典などに出席する仕事を指す。国レベルで言えば象徴天皇の役割に近い。こういった組織の象徴としての役割などは、マネジャーの単発行動を残らず記録するような研究をしなければ、けっして見つからなかったものだと思う。

またミンツバーグは、マネジャーの仕事に見られる明確な特徴をもあぶり出した。マネジャーは山のような仕事を間断なくこなしており、個々の活動は、短時間で、多様で、断片化している。マネジャーは、最新の具体的な活動や、ルーチン化していない活動に引きつけられ、コミュニケーション手段としては口頭伝達を好むといった具合だ。

中でもキーワードとなるのは、断片化だろう。多くのマネジャーは直接行動を重視し、新鮮な情報をいつも求めている。だから口頭のコミュニケーションを優先させる。現場の部下から「クレームが来ました」と報告があれば、必ず会って詳細を聞きたがるし、仕事場の電話が鳴れば、何はともあれ受話器をとる。ミンツバーグが博士論文のために調査をした一九六〇年代にはまだｅメールはなかったので、その分、マネジャーの仕事ぶりに見られる慌ただしさは、現在よりもすさまじかったとも言える（現在でも、仕事の早いマネジャーならメールはたくさんためてしまう前に受信後ただちに開いて、慌ただしく目を通すに違いない）。必然的にマネジャーの時間はズタズタに断ち切られる。その様子をミンツバーグは「アンリレンティングペース」（unrelenting pace：無慈悲なまでの目まぐるしさ）と表現した。

ミンツバーグが経営者に対して行ったのと似た調査を、イギリスの経営学者ローズマリー・スチュワートが、日誌法（ダイアリーメソッド）という方法を編み出して、ミドルマネジャーに対して行った。日誌法とは、調査対象者に、単発の活動が生じる度に誰とのどのような活動にどの程度の時間を費やしたかを、調査側が決めたフォーマットに従って書き入れてもらう方法を指す。

この研究では、経営者同様、ミドルマネジャーの活動も断片化しがちなことが明らかになっている。ただでさえ忙しいミドルマネジャーたちは、日誌に書き込むのを面倒くさがった。そのため、当初、スチュワートの調査は難航したのだが、日頃、目まぐるしさに悩んでもいたミドルマネジャーたちは、調査に協力しているうちに自分の行動パターンが数字でわかってきたり、正確なフィードバックが得られることに喜びをおぼえ始め、最終段階になると、「もっと調べてほしかった」と言い出す人も現れたという。

マネジャーの断片化については、私の手元にも、いくつかのメーカーで課長研修を実施したときに得たデータがある。それによると、ある課長は午前中の三時間に九件の活動を行い、活動の長さは一件当たり平均一七分三〇秒だった。また、ミドルマネジャーの日常行動を研究して、環境と組織構造の関係を解明したイギリスの社会学者Ｔ・バーンズの調査によると、マネジャーの一日の単発活動数は平均四三件で、持続時間の平均は一九分だったという。

マネジャーが忙しくなる理由は、エグゼクティブでもジェネラルマネジャーでも課長でも変わらない。いろいろな人と会い、いろいろな活動に従事している限り、活動の断片化は避けられない。私がミドルマネジャーの人たちに会って、「活動断辺化の調査があり、マネジャーとは多忙なものなんです」と話すと、ほとんどの人は「ほっとしました」と言ってくれる。洋の東西を問わず、マネジャーの仕事とはそういうものだとわかって、とりあえず気が楽になるのかもしれない。

問題は処方箋なのだが、これに関しては、スチュワートとミンツバーグとで見解が異なる。スチュワートはマネジャーにもっと考える時間を与えるべきだとし、個室を提供したり、秘書を付けて電話をスクリーニングするなどの措置を提案した。彼女の発想は、マネジャーともなれば経営の一角を占めるのだから、個室は当たり前、一人につき一人とまではいかなくとも秘書も必要というものであり、どこか英国風の威厳と鷹揚さを感じさせる。

これに対し、ミンツバーグは、マネジャーは一見ズタズタに分断された活動の中につながりを見出しているのであり、スチュワートが提案したような措置はマネジャーの仕事をかえって阻害し、下手をすると余計に活動を断片化させることにつながりかねないと主張した。マネジャーは、たとえCEOレベルであっても、経営企画室から来る定期的レポートに目を通すだけでなく、自ら現場回りもするし、個室が用意されていても、そこにこもって思索にふけるよりはまずアクションを起こす、大事そうな電話には思索を中断してでも出る。経営者らはそうした行動パターンをよしとしているとミンツバーグは言いたかったのだ。

ミンツバーグは、経営学の〝主流〟たるアメリカ経営学会に対して常に興味深い異議申し立てをしてきた研究者だが、マネジャーの研究をめぐっては、アメリカ経営学の〝総本山〟とも言うべきハーバード・ビジネススクールからもミンツバーグ寄りの古典的研究が生まれている。リーダーシップ論で名高いジョン・P・コッターによるもので、彼は事業統括責任者（ジェネラルマネジャー）に焦点を当てた詳細な調査を行い、その結論においていくつかの重要な点でミンツバーグと歩調を合わせている。

その一つは、忙しいから大きな絵が描けないのではなく、絵が描けていないからひたすら振り回され忙しく感じるというものだ。優れたジェネラルマネジャーほどアクションを通じてのアジェンダ構築がうまく、頭の中が整理されていて、より遠くを見ている。だから一つひとつの指示や決定に迷いや誤りがなく、それらはちゃんとアジェンダにそって決められている。その姿は、見かけ上は無慈悲なほど目まぐるしくても、本人は自分の意思でそうしているのだとコッターは主張する（金井壽宏・加護野忠男・谷光太郎・宇田川富秋訳『J・P・コッター　ビジネス・リーダー論』ダイヤモンド社、二〇〇九年再版）。

ミンツバーグやコッターは、マネジャーの非合理にさえ見える断片化した活動形態が、場合によってはその人の仕事の特性に合っているとの考え方を示したのであり、コッターの方がより明示的と言えるだろう。

いやいやながらのマネジャー○金井

ただ、読者の中には、このようにマネジメントの定義やマネジャーの機能や役割をつまびらかにしてみたところで、現場のマネジャーが置かれている状況を説明し尽くしたことにはならないのではないかと感じる人がいるかもしれない。

そう感じるのも無理はなくて、残念ながら経営学においては、「マネジャーは何をしているか」についての研究が足りないだけでなく、「マネジャーになるとはどういうことか」という視点で取り組んだ研究も足りない。

後者の問題について、近年になってようやく出てきた研究の代表例は、ハーバード・ビジネススクールのリンダ・ヒルが手がけたもので、初めて管理職になった人たちがいかに大変な思いをするかということを、三〇人前後のインタビュー調査で追跡した（*Becoming a Manager* 一九九二年、残念ながら邦訳なし）。

同様に、立教大学経営学部助教の元山年弘さんは、神戸大学大学院にいたときの博士論文（二〇〇八年）で、働く個人がいかに管理職へと移行していくのかについて、丹念なインタビューを通じて生の声を収集した。この論文の中でひときわ鮮烈だった引用は、あるマネジャーが放った「管理職は忍耐業です」というひと言だった。

マネジャーの多忙ぶりや活動の断片化についても、その度合いと質が昔と今とでは異なってきたと見るべきだろう。

さまざまな調査、研究会、研修の場などで、企業の部課長クラスの有能なミドルと会って話すと、彼ら彼女らが以前より少ない人数で、以前の倍くらいの量の仕事をしていることがわかる。本人たちの口からも「昔の部長は、もっとドンと構えてゆったりしていた」とか、「以前は事業部長クラスでも定時で帰宅する人が結構いた」といった声が聞かれる。

中原さんが紹介したドキュメンタリー『課長はこうして選ばれる』に登場した「書記さ

ん」は、八〇年代の牧歌的な様子をよく表している。ワープロ、続いてパソコンが各人にゆきわたる前まで、管理職は計画など大切な文書については、自分で起案しても、その書類の清書は任せることのできる人がした。出張旅費の精算もかなりサポートスタッフに任せることができた。それがIT化の進展によって、清書という仕事はなくなり、書面やプレゼン資料もみんながかなりの程度、自分でしなくてはならなくなった。

また、中原さんが述べた通り、かつてのマネジャーの仕事は、部下たちには判断できないような例外的出来事への対処に限定されており、それ以外はうまく部下に任せるのがよい上司と言われたものだった。昨今はフラット化の影響もあって、課長クラスだとプレイヤーの役割も負わされている人が多い。自分にもプレイヤー的な目標や課題が与えられていて、その上、残業手当は出ないのだから、憂うつになる人が多いのはうなずける。

企業を取り巻く環境も厳しくなった。開発部門の人たちに会って話を聞くと、最近は以前より少ない人数で以前の三分の二か半分ぐらいの開発期間で、以前の倍ぐらいの大きなテーマに取り組まざるをえない。そのようなケースが増えてきた、という。社長特命のような大プロジェクトならゆとりをもって取り組めるかというとそうでもなく、優先度が高い分、進捗管理が厳しくなるため、なかなか手を挙げづらいそうだ。

それから管理業務そのものに関しても、人事制度に期待行動評価システムやコンピテンシーモデルが導入されるなどして、マネジャーの管理業務そのものも煩雑化した。J－SOX（日本版SOX法）のためといった内部統制に絡んだ業務も以前はなかったものであり、マネジャーは多大な業務と責任を負うことになった。

中原さんは、課長が「場当たり的な問題解決者」の役を負わされ、そのための研修が増えていると言った。こうした状況は、ジェームズ・G・マーチが唱えた「意思決定のゴミ箱モデル」によっても説明できる。組織の中では往々にして、選択機会・問題の系列・解の系列・意思決定への参加者という四要素が絡み合い、ごちゃ混ぜになって、結果的に非合理で曖昧な意思決定がなされる。もっとも「あらゆる問題はITで解決可能」と言うぐらいなら罪は軽いけれども、「あらゆる問題は課長によって解決可能」と決めつけるのは、あまりに酷な話だ。

かつてロンドン大学ビジネススクールのR・ゴーフィーはR・スケースとともに*Reluctant Managers*（一九八九年、残念ながら邦訳なし）を著わした。タイトルどおりリラクタント（いやいやながら）の管理職がテーマで、サブタイトルには*Their Work and Lifestyles*（彼らの仕事ぶりとライフスタイル）とある。

この本の中では、会社人間のキャリアではなく、もっと心あるキャリアを求め始めた人々が紹介される。マネジャーになっても報酬がすごく増えるわけではなく、むしろ自分への評価が厳しくなる。より高い地位を求め、野心にかられて働いても、目標が達成できるとは限らない。まして人件費が経営を圧迫していると企業側に判断されれば、整理の対象にもなりかねない。そんな目に遭うくらいなら、家族やコミュニティをもっと大切にして暮らしたい。そう思い始めた当時のイギリス人の意識が紹介され、「あえて喜んでマネジャーになっているわけではない人たち」がリラクタントマネジャーと呼ばれている。

私が何より驚いたのは、ゴーフィーたちはこの本を書くにあたって、調査協力者の自宅まで訪問して、その配偶者にもインタビューしていたことだった。そのことからもうかがえるように、ゴーフィーたちはリラクタントを悪い意味ではとらえていない。とても人間的なことだともとらえている。そして、産業界に身を投じた以上は誰もが馬車馬のようにがむしゃらに管理職をめざすといった時代の終焉を、豊富なデータとインタビューから予言している。

私はこの本を読んだ後、一九九四年から九五年にかけて、日本企業五社のロンドン現地法人に勤務する日本人マネジャー五〇人以上にインタビューする機会を得た。

そのうちの一人、鉄鋼メーカー勤務のミドルは、わりとさらっと、「そういうリラクタントマネジャーみたいなところが私にもありますね」と語った。夕方まだ明るい時間に家に帰ってきて、庭に椅子を出し、ビールを片手に本を読む、そんなロンドンでの生活をエンジョイしているうちに、「仕事と同じくらい大切な生活、人生があるということを知った」のだという。ミドル自身によるこうした生き方の発見も、マネジャー像の揺らぎと関係がありそうだ。

マネジャー像はなぜ揺らいだのか○金井

さて、中原さんから出された問い、「二〇年前のマネジャーが輝けるポジションだったとしたら、現在におけるマネジャー像の揺らぎを経営学はどうとらえているのか」について、私なりの考えを述べてみたい。

すでに見てきたリッカートによる連結ピンのモデル、野中教授のミドル・アップダウン・マネジメント、あるいはロザベス・M・カンターによる「変革の達人（チェンジマスター）」の考え方などは、ミドルを上層部と現場をつなぐ存在というポジティブなイメージでとらえている。カンターの研究は、私の初期の関心であった「変革型ミドル」と重なり合う部分も多い。

したがって、少なくともある時期までは、日本だけでなくアメリカでも、戦略発想で革新志向のミドルの存在が注目されていたと見ていい。もちろん、日本語で言う「中間管理職の板挟み」と同じ状況を、古くはエドウィン・A・フライシュマンが「クロスプレッシャー現象」と呼んだように、ミドルの苦しみに目を向けた研究も皆無ではなかったが、当のミドルたちの間でも、マネジャーになるのはうれしい、あるいは大変そうだけどうれしくもあるというふうに、だいたい前向きか、そうでなくとも両価的な受け止め方をされてきた。私が一九八〇年代の半ばに密度濃くお会いしていた日本を代表する企業のミドルたちにしても、「マネジャーに昇進すれば、経営幹部により近い仕事ができる」と一様に自らの立場に肯定的だった。

思うに、ミドルに対する否定的な物言いが目立つようになったのは、ミドルたち自身からではなく、やはり経営層や人事部門からではなかったか。バブル経済崩壊後は、大手音響映像メーカーが、退職金の割り増しを条件に大量の部課長クラスに退職勧奨したのを始め、ミドルに対する深い考えのない人事施策がいくつもの会社でとられるようになった。ホワイトカラーの雇用調整が始まると、人生のすべてを会社任せにしていればよかった時代は終わりつつあると大勢の人が気づかされ、「サラリーマンは気楽な稼業」ではなくなった。あの頃のミドルにまつわる新聞・雑誌記事は、管理職たちがいかにみじめな境遇に追い込まれているかといったレポートや、各社の課長の給与を比較するような厳しいトーンのものばかりが目立った。

九〇年代には、エンプロイアビリティ（就業可能性）の概念を社員に突きつけ、雇用調整の対象となるのもまた自己責任であるかのような言い方をする企業も見られた。キャリアをどう歩むか、どう切り開くかは、究極的には一人ひとりの責任だとはいえ、その場合の「責任」が、たとえば「変動型金融商品で損失が出ても、顧客の自己責任である」というときと同じように語られるのは耳障りだった。

私は三〇代の半ばから研究や研修を通じて、日本を代表するような会社の課長、部長、経営幹部候補と接してきた。いわばずっとミドルを見てきたわけで、今でもミドルマネジャーの活躍と存在感に愛着を感じている。バブル後の一九九〇年代は、そんな私が四〇代にさしかかった頃であった。ミドルマネジャーについて暗い記事が増えた頃にちょうど自分も年齢的にミドルにさしかかったので「明るい中年論」に興味をもち始めた時期でもあった。そのような問題意識があったので、十分な経験があって、しかもまだ人生の半分の時間を残しているミドルたちが、暗い日々を過ごしていいはずがないと（学者として以上に個人的に）思い始めていた。

　話は多少前後するけれども、まだバブルのさなかだった一九八八年六月、一橋大学の如水会館で、「ミドルが起こす企業革新」をテーマとするシンポジウムが開かれ、変革型リーダーシップ論の大御所であるノエル・M・ティシー教授（ミシガン大学）が海外から招かれ、前出の野中教授も登壇した。ティシー教授は「ゆでガエル」のたとえ話――カエルを熱湯に入れると飛び出すが、最初は水に入れてゆっくり水温を上げていくと、水温の上昇に気づかずに死んでしまうという話――の紹介者でもあるが、教授の発表が終わった後、フロアにいた一人のミドルからは悲鳴にも似た声が上がった。

「先生たちはなぜ僕たちミドルを励ますのですか。危機だ、危機だと言われる度に、何度も（それが熱湯だと思って）飛び上がり続けるよりも、この際、ゆで上がって安楽死したい」

　この感想は笑い話ではすまされないと、私は聞いていて思った。ミドルに期待するのは大事なことだが、イノベーションの担い手になるにはエネルギーがいる。いつも飛び上がってばかりだと疲れてしまう。

　このときの講演で、ミドル発のイノベーションへの期待を表明した野中教授も、前掲の一九八三年の論文の中では、課長は日本企業の活力の源泉ではあるが、その多くは忙しすぎて余裕を失っており、せっかく頑張って働いていても、仕事を通じて知的なものが蓄積されていないとしたら由々しき問題だと書いておられた。ということは、この時点ですでにミドルたちの消耗度は相当なものだったはずであり、バブル崩壊後はさらに追い打ちをかけるようにミドル受難の時代が始まったと言えるのかもしれない。

管理職になりたくない症候群○金井

中原さんが「上司拒否。」と呼ぶのと似たような症状について、私もかつて「管理職になりたくない症候群」と名づけて分析、考察したことがある。「なりたくない」理由は以下に掲げるものと見られ、理由がそのまま症状の説明にもなっている。

①まだここで一皮むけたくない……担当者としては一人前だったのに、管理職になるとまたもう一皮むけなくてはならない。それは大変そうだし、ひとりでやっている方が気楽だ。

②管理職になると損をする……管理職になると、時間的にも、下手をすると金銭的にもプアになると予想してしまう。

③現場にもっといたい……ずっと慣れ親しんだ現場を離れるのは寂しい。完全に離れることはないとしても、第一線と距離を置くようになるのは寂しい。

④管理という言葉からして情けない……管理という言葉のイメージが悪く、人を鋳型にはめる、言う通りにさせる、プレッシャーをかけるといった響きがある。管理の仕事には憂うつ感がともなう。

⑤仕事のできばえを他の人に依存するのが不安……管理職になると、仕事のできばえは、自分ひとりでなく、他の人々の頑張り具合に依存する。それは不条理だと感じるし、不安だ。

まず、このような諸症状はどれをとっても正当だと言っておきたい。①から⑤のように感じてしまうのは、ごくノーマルなことであって、けっして正常を逸脱した感覚ではない。

担当者からマネジャーに移行する節目には、「なりたくない症候群」、すなわち管理職が負わざるをえないダークサイドが現れるけれども、移行期をくぐっていくにつれて、その輝く裏面としてのプライドサイドが出てくる。順に見ていこう。

①の「一皮むける痛み」については、人は変わることに抵抗しがちなものだが、ずっと同じことの繰り返しだけでは飽きるし、いつかは変化やチャレンジを望むときがくるという面を見逃さないようにしたい。人は脱皮することで成長、発達する。

②の「時間的・金銭的不利」については、人を束ねたり陣頭指揮をとったりするのを面白いと思えるかどうかにかかっている。少し長い時間軸で見れば、大きな成果を（他の人々に

うまく動いてもらうマネジメントを通じて、あるいは大きな絵の実現のためにリーダーシップを発揮し大勢を巻き込んで）上げるにつれて、外発的報酬（地位・肩書き・給与など）も内発的報酬（達成感・楽しみ・成長感）も尻上がりに高まっていく。トータルリワードでみれば、そうなる。もちろんすべての人がビッグになれるとは限らないし、キャリアのある段階ではワーク・ファミリー・バランスも課題になってくる。管理職になって時間的・金銭的不利が生じる事態となっても、それがよりスケールの大きな仕事への通過点で収まるようにする工夫が、本人にも人事部門にも求められるだろう。

③の「現場を離れる寂しさ」に即効薬はないが、現場を離れることによって目線が高くなり、視野が拡大することもありうる。その視点、視野で、現場をエンパワーできるマネジャーが変革を起こしている。ここで、エンパワーメントとは、ただ任せるだけでなく、資源や情報、必要なら支援の裏付けをともなって、大きく任せることをいう。

④の「管理そのものがもつネガティブなイメージ」については、実際に管理職となって、仕組みで人を動かすことをマスターするにつれて徐々に払拭されていく。仕組みで人を動かすマネジメントと併せて、変革の大きなビジョンを掲げるリーダーシップへの入門という次の節目を展望することも、管理のネガティブイメージを緩和するのに役立つ。

⑤の「他者に依存する不安」は、心理学的にはマネジャーがもつ根源的な不安にかかわり、ダークサイド全体に関連している。人は子どもの時期から学校時代にかけて他者に依存する。それが過ぎて社会に出て、ようやく一人前の社会人になったのに、再び組織の中で他者に依存するとなると、最初はふがいない気がしてならないものだ。担当者としての営業マン・ウーマンは、自分に割り当てられた売上目標の数字を達成すればよい。しかし、営業所長になると、所の予算目標の達成は、自分だけでなく、大きく部下しだいとなる。他の人々に任せざるをえないからリスクや不確実性が生じ、さらにまた不安が生まれるという連鎖は、経営精神分析学のラリー・ハーシュホンもまた指摘するところである。

しかし、マネジャーからリーダーへとさらに一皮むけるプロセスにおいて、部下の育成は、「世代継承性」(generativity：ジェネラティビティ、E・H・エリクソンの造語）という中年の発達課題をクリアするための実践となる。それによって、次世代へのケアという強みがその人に備わるのだ。

ミドルになる頃にだんだんと元気をなくし、かつてはあった創造性を失い、停滞感にさいなまれる人がいる一方で、ミドルになる頃から、家庭では自分の子ども、会社では自分の部下や次世代の人たちに対して意味あるものを生み出し、それを社会に残して、そのプロセスを通して人を育てていくという生き方・働き方がある。私としては、「管理職になりたくない症候群」や「上司拒否。」の人たちに、「そうなるのはもっともですよ」と声をかけつつ、マネジャーへの道のりを歩む中で見えてくる透明で明るい希望や夢をできるだけ語りたい。

ソロプレイヤーたちが育成に目覚めるとき○金井

中原さんの指摘する「上司拒否。」の人たちの中には、管理職になって憂うつなマネジメントをやらされるぐらいなら、専門知識を身につけたり、特殊技能を磨いたりして、ソロプレイヤーのまま働き続けたいと希望している人もいるかもしれない。

その気持ちもわからないではない。だけど実際には、ひとりで突っ走ってきたソロプレイヤーが、何かをきっかけに、誰かとともに働く喜びに目覚めて、ひとりではできない大きな仕事を成し遂げたり、世の中にいい物を残したりすることもある。ここでは二つのストーリーを紹介しておこう。

一九七六年、経営悪化に陥っていたヤマト運輸が社運をかけて宅急便事業に乗り出したとき、同社では営業部門が廃止され、営業を兼ねた「セールスドライバー」が配置された。それまで腕一本で稼いできた「トラック野郎たち」の中には、お客に頭を下げる営業をやらされるのはいやだと言ってやめた人も大勢いたと聞く。しかし、経営危機のさなかにあった会社を救おうと残った多くのドライバーたちは「全国どこでも翌日配達」の実現に向けて各地に散っていった。

北海道を任された加藤房男氏もそんな一人だった。宅急便事業が始まる前は、花形路線である国道一号線（東京―大阪間）を大型トラックで疾駆して、腕と度胸で名を上げたが、地元採用の若手とともに営業と配達に走り回ることになった。当時は、小口宅配というサービスそのものがまだ一般にはなじみがなく、しかも北海道は道路地図がまだ十分に整備されていなかった上、冬になると大雪にも見舞われるため、最難関と言われた。前途は多難だったが、加藤氏は小倉昌男社長（当時）の宅急便事業にかける意気込みに自ら使命感を覚えて札幌営業所に赴任した。

札幌で加藤氏は、宅急便の知名度を上げるために若手たちと一緒に住宅街を歩いて、「電話一本で荷物を取りにいきます」と書いたチラシを配ったりした。しかし、営業開始日になっても電話は一本もかかってこない。郵便局の前に立って、荷物を手にする人を見つけると、「その荷物をうちに扱わせて下さい」と声をかける営業までしたが、まったく相手にされなかった。

ようやく注文が入り出し、荷物が動き始めると、冬の凍った路面や大雪に悩まされた。当初は営業許可が札幌周辺に限られていたため、過疎地に行けないという困難にも直面した。それでも若手は「お客さんが喜ぶ姿を見ると、苦労が吹っ飛ぶ」とやる気を見せ、加藤氏も、過疎地に行く場合は、営業免許が必要ない軽トラックを使うといった苦肉の策を試みながら、なんとかお客の要望に応えようとした。

けれども過疎地での仕事はコストがかさみ、赤字が膨らんだ。責任を痛感した加藤氏は、小倉社長に、「このまま続けていいですか」と尋ねる。小倉社長は「過疎地にも人は住んでいる。そこにニーズがある以上、避けるわけにはいかない」と加藤氏を励ます。

北海道全域にようやく営業免許が下りたのは、宅急便スタートから一三年後の一九八九年で、加藤氏はその後、一六〇カ所以上の営業所を開拓していく。

この話は、NHKの人気番組『プロジェクトX』で取り上げられた（書籍版では『プロジェクトX挑戦者たち⑨熱き心、炎のごとく』NHKプロジェクトX制作班編、日本放送出版協会、二〇〇一年）。腕ききのドライバーが、見知らぬ土地で慣れない営業に取り組み、若手社員たちとの一体感も得ながら新事業を第一線で支える姿が、多くの人の心を揺さぶった。

加藤氏は後に、一八〇〇人のセールスドライバーを教育・育成する仕事に就いた。長く「一匹狼」でやってきた人物が、会社の苦境と自らのキャリアチェンジを機に、人の育成の大切さに目覚めたのだとすれば、マネジメントは必ずしも憂うつなだけの仕事ではないと思えてくる。教育・育成担当は、加藤氏が宅急便事業立ち上げのときに培ったスピリットを次世代に継承させる上でも、非常によい立場だっただろう。

もう一つも『プロジェクトX』で取り上げられた話（収録されている書籍版は『⑪新たなる伝説、世界へ』二〇〇二年）で、主人公は、私もインタビューさせていただいたことがあるヤマハのピアノ調律師村上輝久さんというすばらしい人物だ。

村上さんは戦後まもなく、調律師実習生に応募してヤマハに入社した。札幌支店で腕を磨き、東京・銀座支店に移った。銀座支店ではプロの音楽家・作曲家らを顧客とする営業に特化した。というのもプロ相手の営業は、調律師でないと務まらないからだ。

そのときの心境について村上さんは、私のインタビューに対し、「世の中には二足の草鞋《わらじ》を履くのがうまい人とそうでない人がいる。自分は不器用だから、営業に専念して、調律は若い人に任せた方がいいと思った」と語ってくれた。

一九六五年、イタリアの高名なピアニスト、ミケランジェリが来日し、日本で初めて公演した。客席にいた村上さんは、巨匠が弾く名器「スタインウェイ」の音に、打ち震えるような感動をおぼえたという。そして視察に来た川上源一ヤマハ社長（当時）に、「ヤマハのピアノはまだまだ研究の余地がいっぱいあります。ヨーロッパに技術者を派遣して世界の音を学ぶべきです」と直言する。

そこから、ヤマハのコンサート用ピアノ開発プロジェクトが始まった。村上さんは本社製造部門に異動して、プロジェクトに調律師として参加。ミケランジェリの専属だったタローネという調律師を招いて教えを請い、単身イタリアにも渡って、直接タローネのもとでも修業した。村上さんはやがてタローネから技術を認められ、ミケランジェリのコンサートツアーに同行するまでになる。さらには二〇世紀最大のピアニストと言われたソ連のスビャトスラフ・リヒテルのコンサートにも呼ばれて調律を手がけ、ヨーロッパの新聞で「東洋の魔術師」と絶賛される。

村上さんがヨーロッパで調律したピアノは、ほとんどがスタインウェイだった。しかしヤマハ所属の村上さんの活躍によって、ヤマハの知名度は上がった。また、村上さんはヨーロッパで得たさまざまな情報を本社に手紙で伝え、それらはプロジェクトチームの試作に生かされた。つまり、村上さん自身は「一匹狼」的だったかもしれないけれど、結果としてその働きぶりは、ヤマハのコンサートピアノ開発に大きく役立っていた。

最大の山場は一九六九年、リヒテルがイタリア北東部の古都パドヴァでコンサートを開いたときに訪れた。「ヤマハのピアノを試したい」とリヒテルが言い出し、ついに自社のピアノを調律するチャンスが到来したのだ。村上さんはプレッシャーをはねのけて調律に没頭し、本番は聴衆が総立ちとなる大成功をおさめた。このコンサートによって、ヤマハのピアノは世界のお墨付きを得た。

若い頃、「ピアノ調律師になる」という夢をもってキャリアをスタートさせた村上さんは、「コンサート用ピアノを開発・製造する」という、よりスケールの大きな夢を描き、その夢は村上さんだけでなくみんなの夢となって実現された。さらに帰国後の村上さんは、調律師を育成するヤマハピアノテクニカルアカデミーの設立に尽力して、初代所長を務めた。調律師をしながら、開発にかかわってきた村上さんが、締めくくりの仕事に後進の育成を選んだということに私は心を打たれる。アカデミーの設立とそこでの教育は、将来につながる夢、まさに「世代継承的夢（generative dream）」だった。

これら二つは、普通の人ではなかなか体験しえない上級編の物語かもしれない。中原さんが言った「会社の未来と自分の将来を重ね合わせて見通せた」時代の物語でもあり、人の成長を語るには、やや理想論すぎると感じる読者もいるかもしれない。

けれどもソロプレイヤーとして偉大な人であるからこそ、「自分ひとりがよければいい」と閉じこもるのではなく、誰かに何かを伝授したいといつしか願うようになり、世代継承性に目覚めるのだと私は信じたい。偉大とまではいかなくても、好きでソロでやってきた人が、自分は誰かに育ててもらった、だからうまくやれるようになった、今度はそれを誰かに伝えたいと思い始めたら、その人は「人を育てること」に入門している。その道のりは、ソロプレイヤーとして頑張りながらも歩み続けられるし、そこからマネジャーへの入り口をくぐる人生だってありうる。私は、「上司拒否。」の人たちにも、できればそういう経験を重ねてほしいと思う。

また、この二つに限らず、『プロジェクトX』で取り上げられた物語の多くが、ミドルの人たちによって成し遂げられたものであるということにあらためて思いをはせてほしい。ヤマト運輸の加藤氏の物語における小倉社長、ヤマハの村上さんの物語における川上社長のように当時のトップが顔を出すことはあっても、どちらもミドルをエンパワーする役回りとして出てきているにすぎず、むしろストーリーの背景だと見ておきたい。

『プロジェクトX』をもち出すと、あたかも偉人伝のように感じる人もいるだろうが、それは間違っている。私が企業研修の場で収集してきた「一皮むけた経験」を見ても、『プロジエクトX』級のストーリーは、想像以上に豊富にある。ミドルたちがそれを語る機会、みんなで共有する機会、取材される機会がたまたま少ないため、ストーリーが聞こえてこないだけかもしれないのだ。できることなら、人事部門も経営者も経営学者もジャーナリズムも、こうした素材のドキュメンテーションをもっと丁寧に行うべきだろう。

マネジャーの成長に関するいくつかの課題●中原

金井さんのお話を聞いていて、「マネジメントのプロセス」に関する研究はたくさんあるけれども、「マネジャーその人」に焦点を当てた実証的研究が圧倒的に不足しているということがよくわかった。

また、「管理職になりたくない症候群」で金井さんが挙げた五つの症状、すなわち「一皮むける痛み」「時間的・金銭的不利」「現場を離れる寂しさ」「管理そのものがもつネガティブなイメージ」「他者に依存する不安」は、私たちの世代（もちろん私自身も含めて）がいよいよ人を管理する立場になるよう迫られたときに、そのどれを感じてもおかしくないだろうと実感できた。

中年の発達課題の一つとして「世代継承性」が存在するということは、現在三三歳の私自身にはまだ実感がない。しかし、今は「何かを創造すること（create something）」に明け暮れている私たちの世代も、いつかは「何かを残すこと（leave something）」に向き合う日がくるのかもしれない。遠くない将来、自分は何を残すのかを考えさせられた。

考えてみれば、人は、「自分が援助しているか」か「他者から援助されているか」か、そのどちらかの立場にしかいない。私たちは、子どもの頃は親に助けられてきた。自分が大人になって結婚し、子どもが生まれると、今度は子どもを助ける側に回る。

「援助する・援助される」を、企業や組織の実情に合うように「育てる・育てられる」と言い換えてもいい。会社に入った人は、最初は上司や先輩に育てられ、やがて部下を育成する立場となる。

私たちが生きる限り、もしかすると、こうした「援助する・援助される」「育てる・育てられる」の連鎖からは逃れられないのかもしれないな、と思う。

一般には「他者から援助されるとき」「他者から育てられるとき」に、人は「学んでいる」「成長している」と見なされるのかもしれない。しかし、実際は「自分が他者を援助するとき」「自分が子どもを育てるとき」にも、自分にとって「成長」を実感することがあるように思う。

私自身、現在二歳になる子どもを妻と協力して育てながら、仕事をしている。「子育て」をしながら、子どもから学ぶことは多い。また、大学院で大学院生を研究指導していると、指導教員である私自身がいろいろなことを学んでいることに気づかされる。世代継承の問題は、私を含め、私の世代が、次の発達課題として向き合わなければならない問題であると感じた。

しかしながらその一方で、金井さんのお話は納得のいくものであったけれど、そこには、今後、考えていかなければならない課題も二点ほどあるように感じた。

一つ目は、マネジャーの仕事やその成長の研究に携わる人たち、あるいは、マネジャーの研修をデザインしている人にとっての課題だ。

先ほど金井さんが紹介したミンツバーグやスチュワートの研究は一九六〇年代、コッターの研究は七〇年代を中心としたものだ。むろん、それらが古典であるからといって、その価値はいささかも減じるわけではないが、その時代と今の時代とでは、マネジャーのとる行動に差異が生じていると想像される。なぜなら、すでに見てきたように、グローバル化やＩＴ化にともなって、企業の事業内容・事業規模が変化し、マネジャーの生活世界も変化しているからだ。

グローバル化社会・高度情報化社会である今を生きるマネジャーに必要とされる行動特性は、いまだよくわかっていない。よくわかっていないのに、マネジャー研修が存在しているのは「設計図がないのに、なぜか、プラモデルは完成している」という倒錯した状況に近いように思う。「今を生きるマネジャー」を対象とした実証研究が増えることが、この領域の今後の課題だと思う。

二つ目は、企業や組織を経営する人たちにとっての課題である。現在の課長やマネジャーを襲っている諸問題は、本当に「個人」がひとりで乗り越えられるものなのかどうか、いま一度考えていく必要があるのではないか、ということだ。

仕事の大規模化やスピード化、コンプライアンスの徹底とそれによる管理業務の増大、プレイングマネジャー化と多忙化など、マネジャーを襲っている諸問題は、ある種の構造的変動、社会的変動として、「うねり」の中で生起している。したがって本来ならば、こうした変動には会社や組織が一丸となって対処する必要がある。組織のあらゆる場所に、変動に応じて「変わらなければならないもの」があるはずだ。

にもかかわらず、「変わらなければならないもの」が変わらないまま、さまざまな形で噴出する問題への対処が、マネジャーやその予備軍である「個人」に場当たり的に押しつけられ、その結果、「個人」が疲弊していくとしたら、それは看過してはいけないことのように思う。

最も避けたいシナリオは、「個人の発達課題」の言説が、「マネジャーになりたくない人が増えたこと」に対する短期的処方箋として、会社や組織の側によって狡猾《こうかつ》に利用されてしまうことだ。

「個人としてのあなたは、これこれの発達課題を乗り越えなければならない。だから、本当は個人で解決不能なことではあるけれども、あなたにマネジメントの責任を負ってもらいます」といった形で、マネジャーやその予備軍が会社側から過剰な負荷、無理難題を意図的に押しつけられ、燃え尽きてしまう事態だけは避けたい。

あえて強調すると、私の同世代であるマネジャー予備軍たちは、いろいろな苦難をへて生きてきた。中学生の頃、世の中はバブルに沸き立っていた。自分たちも大人になれば、きっと輝ける未来が待っているに違いない、と思っていた。しかし、勉強を重ねた果てにたどり着いたのは、バブルも学歴神話も崩壊した後の、文字通りの「世紀末」だった。就職活動中は氷河期で人一倍の苦労をした。社会に出てからは、「絶対安全圏」にいる上の世代が次々と逃げ切っていくのを横目に、少ない人数で働いてきた。上の世代からは「君たちみたいなこれからの世代は大変だねー、僕らの若い頃の三倍は働いているよ」と言われもした。

そうこうするうちに、多くの仲間が、時代の荒波を懸命に乗り切ろうとして、疲れ果て、燃え尽きていった。それゆえ、自らの発達課題に関して、頭では理解していても、どうしても注意深く身構えてしまうメンタリティが、私たちの世代には形成されているのかもしれない。もちろん、自らが「援助する・援助される」「育てる・育てられる」の連鎖の中にあり、そこからおそらく逃れえぬことは、承知している。そして、時に、アンビバレントな感情に揺り動かされながら、仕事の中で自ら成長を実感し生きていきたい、とも願っている。しかし、それを踏まえた上で、あえて、指摘したいことがある。

問題には、「個人」の力で乗り越えられるものと、そうでないものがある。しかし、往々にして、組織は「組織が組織として取り組まなければならない課題」を「個人が乗り越えなければならない課題」にすり替えがちである。組織で対処しなければならない問題は、組織が痛みをともなってでも変わることで乗り越えるべきであって、アポリアの解決を場当たり的に「個人」に求められても困る。「上司拒否。」というアンビバレントな煮え切らない思いは、このようにして生まれていることを、重ねて指摘しておきたい。

金井さんが野中教授の研究を引用したように、日本企業の競争力の源泉は、昔も今もマネジャーのミドル・アップダウン・マネジメントに存在する。そのことに私も異論はない。企業は今もなお、マネジャーの行動や振る舞いに、期待を込めて熱い視線を送っていると理解することはできる。

しかし、それならば、企業や組織には忘れてほしくない。企業がマネジャーに熱い視線を送る一方で、マネジャー自身やその予備軍たちも、企業の一挙一動を注視しているということを。

第2章　内省するマネジャー——持論をもつ・持論を棄てる

他者との〝かかわり〟から支援を得る●中原

前章で私たちは、マネジャーが置かれている状況を過去のそれと対比しながら、マネジャーの機能・役割・行動について、いくつかのエピソードと学問的知見を引用しつつ、意見を交わした。

本章では、マネジャーやその予備軍はどうやって学び、成長し、さらには人々の学習や成長に関与していくのかについて議論を進めたい。

二〇〇八年、富士ゼロックス総合教育研究所では、「他者との〝かかわり〟が個人を成長させる」をテーマに、企業における二八〜三五歳の若手・中堅のビジネスパーソンを対象に調査を実施した。私は松尾睦・神戸大学大学院経営学研究科教授とともに、この研究プロジェクトを監修し、同社の坂本雅明さん、西山裕子さんらと、質問紙の策定や分析フレームワークの構築に携わった（有効回答数は二三〇四人、レポートは同研究所刊『人材開発白書2009』にまとめられた）。本章ではまず、この調査の結果を紹介しながら、職場における人々の成長について考えていきたい。

アンケートに答えてくれた世代について、プロファイルの一例（二〇〇八年四月時点で三

○歳の人）を示すと以下のようになる。

（一九七七年生まれ。幼少期には、日本製品が世界中を席巻し、〝ジャパン・アズ・ナンバーワン〟と喧伝されていた。小学生時代は日本中がバブルに沸き、六年生だった年の年末に日経平均株価が最高値を付けた。しかし本人にはその頃の記憶はあまり残っていない。好景気はそこで終わり、バブル崩壊後の景気低迷期を中学・高校生として過ごした。大学生のときには大手金融機関の破たんを目撃した。

就職活動を開始した頃、雑誌には「実力主義」や「成果主義」などの見出しが飛び交っていた。世間はＩＴ景気に沸いていたが、採用の門戸はさほど広くなく、厳しい就職戦線をなんとか勝ち抜いて内定をつかんだ。が、採用人数が抑えられていたため、職場に同期はいない。

会社に入ってからは、ＩＴバブルも崩壊。年配社員がリストラや早期退職で職場を去るのを目の当たりにし、先輩たちが焦る様子も間近で見てきた。他方、その頃は、マネーゲームによって巨額の富を手にする経営者や投資家がメディアを賑わせており、会社とは何なのか、働くとはどういうことなのかを考えさせられもした。

入社して四、五年たった頃からは、ようやく景気が回復し、新入社員も増えた。今後は後輩や部下を巻き込んで、より大きな仕事を成し遂げるよう期待されている。〈筆者注：調査時点ではまだ世界同時不況には突入していなかったが、今はその真っ只中に置かれている〉

『白書』では、この世代を「会社や他者に頼らずに、自分の力だけでなんとかしなければならないという意識が強い世代」とくくっている。第1章で私が紹介した「上司拒否。」の人たち、そして私自身もこの中に含まれる。

この調査では、若手や中堅の「他者との〝かかわり〟」の実態を知るだけでなく、若手・中堅の育成に責任をもつ人材育成担当者や経営者に対しても示唆を提供するため、

①若手・中堅は誰とかかわり、何を得ているのか
②若手・中堅の成長感の実態はどうなっているのか
③どのような〝かかわり〟が成長感をもたらすのか
④どのような人が〝かかわり〟から学べるのか
⑤どのような組織が〝かかわり〟を育むのか

を明らかにすることを目的とした。

図2　他者との〝かかわり〟

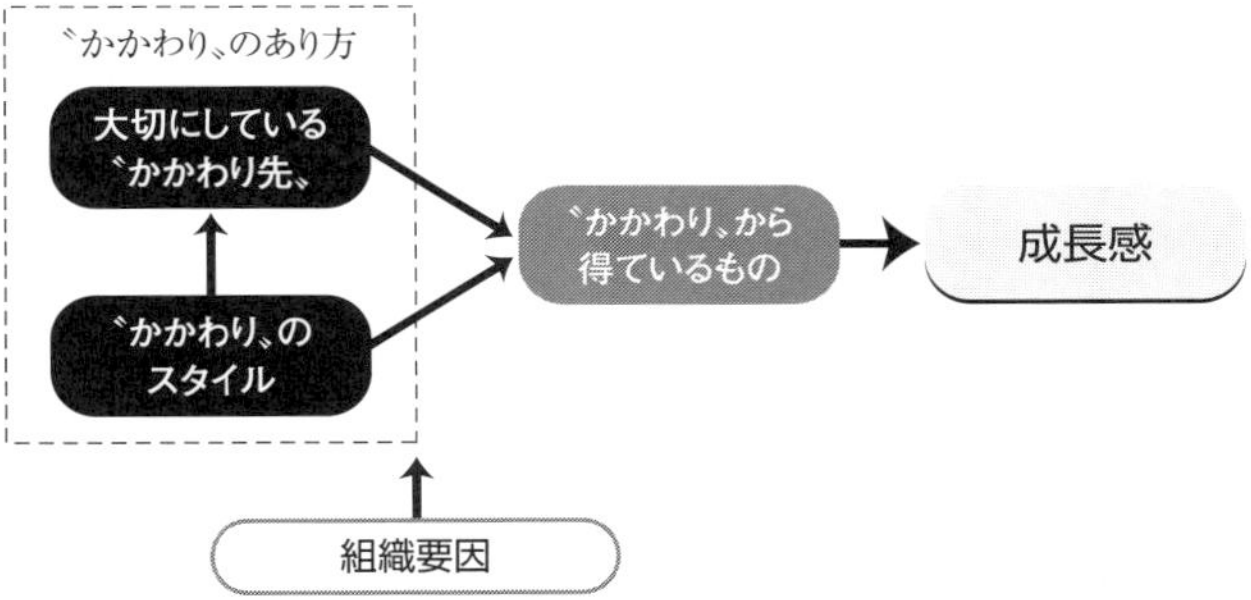

出所）©（株）富士ゼロックス総合教育研究所『人材開発白書2009』中原淳・松尾睦（監修）p.8

調査フレームは、図2のように設定し、「他者との〝かかわり〟」を、「〝かかわり〟のスタイル」「大切にしている〝かかわり先〟」「〝かかわり〟から得ているもの」の三要素で構成した。

「他者との〝かかわり〟」の成果は、本人の「成長感」で測った。客観的な「成長」ではなく、あえて本人の主観である「成長感」としたのは、人が経験を通じて学習し、自己のキャリアを自律的に考えるためには、成長しているかどうかを自分自身で確認できることが大切だからだ。また、「他者との〝かかわり〟」から学んで成長感を得られるかどうかについては、その人が所属している職場の影響も大きいため、職場の状況を表す「組織要因」もフレームに加えた。

前置きが長くなったが、本題に入っていこう。調査では、まず若手・中堅社員は、誰との〝かかわり〟を

大切にしているのかを知るため、日常業務において大切にしている〃かかわり先〃を上位三つまで選択してもらった。（図3）

その結果、やはり目立って多かったのは、「社内・同じ職場」を〃かかわり先〃に選んだ人だった。上位三位までを含んだ回答では「上司」が最も多く、六割を超えた。次いで「同じ職場の同僚・同期」「同じ職場の上位者・先輩」と続き、いずれも五割以上の人が挙げている。「部下・後輩」を挙げた人も四割いた。他方、「社内・同じ職場」以外の人を挙げた回答は少なかったが、一位選択で「お客様」と答えた人が約一割いた。

次に、それらの〃かかわり〃から何を得ているのかを因子分析したところ、職場には「業務支援」「内省支援」「精神的支援」という三つの支援が存在していることが明らかになった。「業務支援」は、業務に必要な知識やスキルを提供してもらったり、業務をスムーズに進められるよう取り計らってもらうことであり、「内省支援」は、自分自身を振り返るきっかけを与えてもらうこと、「精神的支援」は、息抜きや心の安らぎを与えてもらうことを意味する。

では、若手・中堅は、どういう人との〃かかわり〃から、どんな支援を得ているのだろうか。

図3　日常業務において大切にしている〝かかわり先〟:選択状況

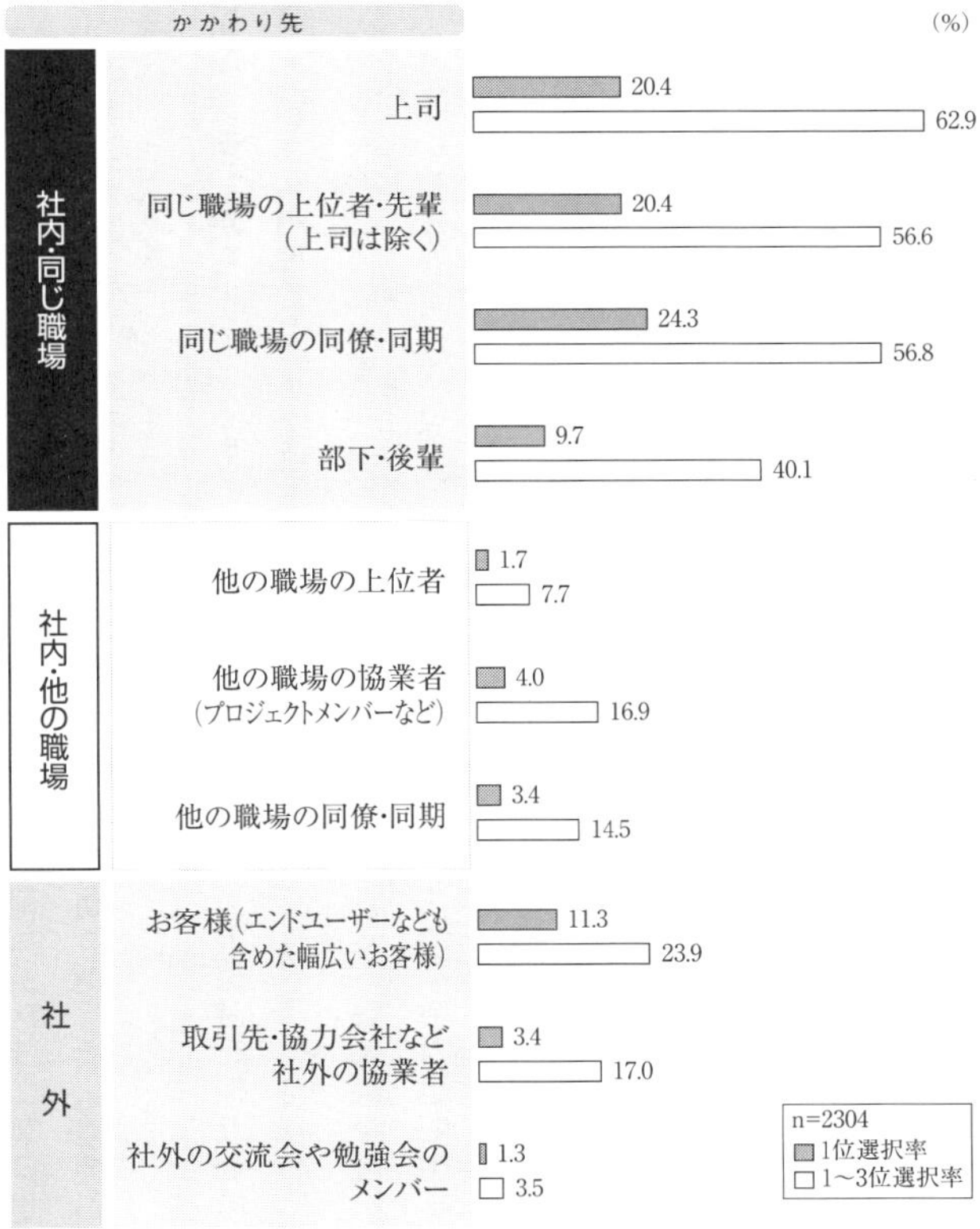

※日常業務をする上で大切にしている〝かかわり先〟について、上位3種類を選んでもらった。
グラフ内の数値は回答者全体（n=2304）に対する比率を示す。
なお、本調査では「職場」を「あなたと責任・目標・方針を共有している、課・部・支店などの数名から数十名の集団」と定義している。

出所）©（株）富士ゼロックス総合教育研究所『人材開発白書2009』中原淳・松尾睦（監修）p.18

図4を見てもらえばわかるように、若手・中堅は「上司」からは「業務支援」を多く得ているが、「精神的支援」はあまり得ていない。「同僚・同期」からは「精神的支援」を多く得ている。

「部下・後輩」から得ているものは総じて少ないが、「自分自身を振り返る機会を与えてくれる」という「内省支援」に含まれる項目が相対的に高かった。今回取得したデータだけから、内省支援の具体的な実態はわからないものの、おそらく、経験の少ない人が仕事をうまくこなせない様子を見て、「ああ、自分も以前はこうだったな」と思い出したり、部下や後輩に仕事を教えながら、自分でも、いつもは気づいていない仕事のプロセスを意識化したりすることではないか、と推測する。

これは、教育の世界でいうところの「learning by teaching（教えることを通して学ぶ）」に近い。第1章で私は、カウンセラーの役割を負わされるマネジャーに同情的な書き方をしたけれども、できない部下・後輩の存在は、教える側の内省を引き出すきっかけにもなりうる。世阿弥が『風姿花伝』で説いた「上手は下手の手本、下手は上手の手本なり」は、このあたりの機微を言い当てたものだろう。

また、これらの結果からは、若手・中堅は、異なる〝かかわり先〟から、異なる支援を得

図4　他者との〝かかわり〟から得ているもの：現状認識

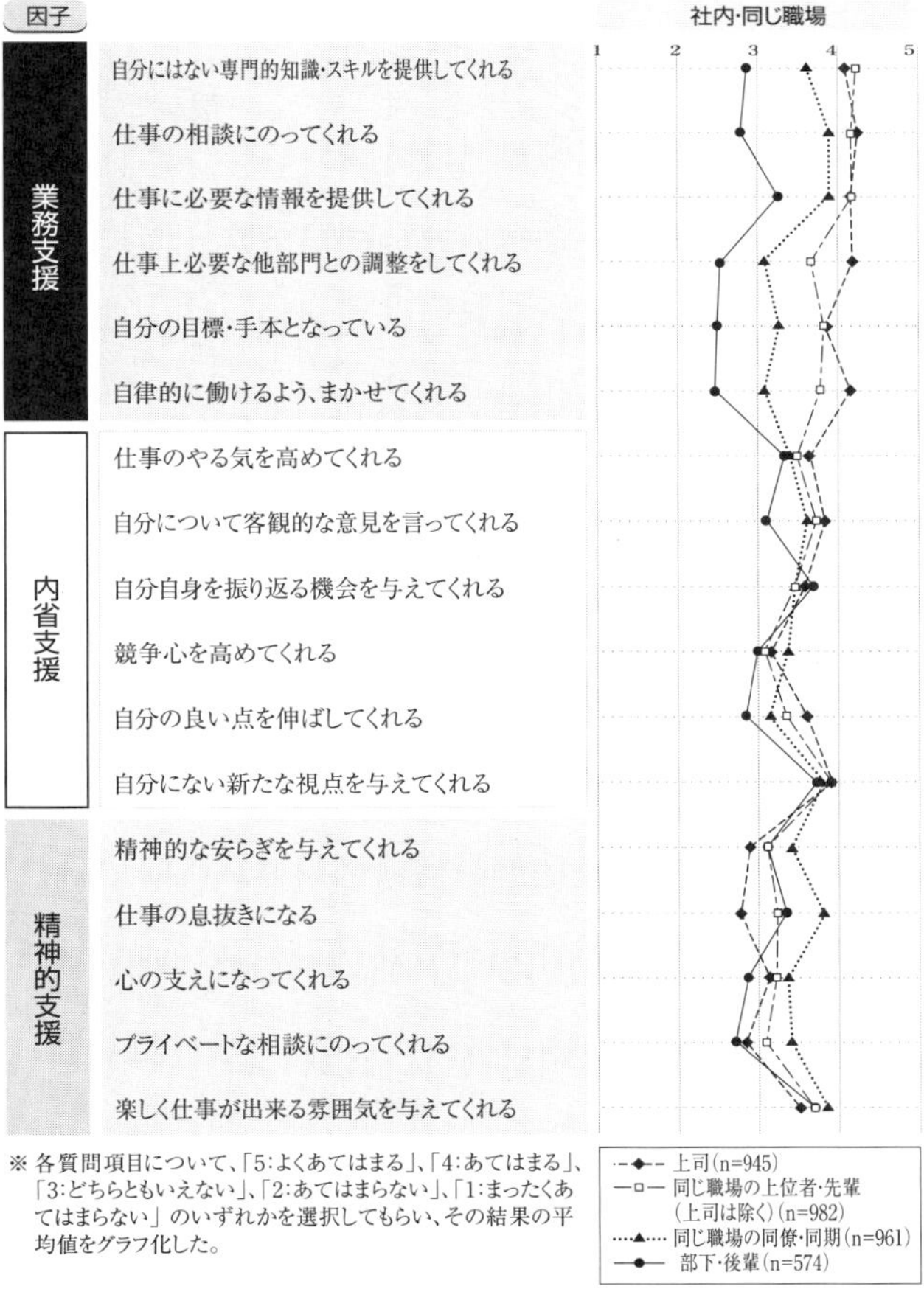

※ 各質問項目について、「5:よくあてはまる」、「4:あてはまる」、「3:どちらともいえない」、「2:あてはまらない」、「1:まったくあてはまらない」のいずれかを選択してもらい、その結果の平均値をグラフ化した。

出所）©（株）富士ゼロックス総合教育研究所『人材開発白書2009』中原淳・松尾睦（監修）p.21

ていることがわかる。若手・中堅にとっては、職場における三六〇度の〝かかわり〟が大切だと言えるし、見方を変えれば、三つの支援を上司が無理してひとりで担う必要はないということにもなる。むしろ、若手・中堅の周りに、異なる人々が異なる支援を担うつながりがあれば、支援は十全になされると考えるべきかもしれない。人材育成はネットワークによって達成しうる。

成長に寄与する「内省支援」●中原

続いて、成長感と〝かかわり〟の関係を見ていこう。

成長感はまことに漠とした概念だが、この調査では「経験を通した個人の変化の実感」をもって、成長感とした。

因子分析の結果、人々がもつ成長感には、「業務能力の向上」「他部門理解の促進」「部門間調整力の向上」「視野の拡大」「自己理解の促進」「タフネスの向上」の六つが認められた。それぞれの内容は以下の通りだ。

・業務能力の向上……業務のコツをつかみ、より専門性の高い仕事をこなせるようになる
・他部門理解の促進……他部門の立場やその事業内容についての理解が深まる

・部門間調整力の向上……複数の部門と調整して仕事を進められるようになる
・視野の拡大……より大きな視点で、多様な観点から、仕事に取り組めるようになる
・自己理解の促進……自分の立場を理解できるようになる
・タフネスの向上……精神的なストレスに強くなり、打たれ強くなる

さて、人々がもつ成長感をこのように分類した上で、〝かかわり〟との関係を重回帰分析したところ、図5の矢印を見れば一目瞭然なように、六因子いずれに対しても「内省支援」が大きな影響を与えていることがわかった。つまり、他者からの「内省支援」を受けていればいるほど成長感が高くなる傾向がある。

ちなみに、それ以外の二つの支援は、成長感にほとんど結びついていない。「精神的支援」はかろうじて「視野の拡大」に役立っていると認識されているものの、「業務支援」に至っては成長感との関係はゼロ、「業務能力の向上」にすらつながっているとは実感されていない。

この結果は、「仕事ができること」と「成長すること」が微妙に違うこと、そして成長には内省がいかに大きく貢献しているかということを如実に物語っている。若手や中堅は、仕事の内容に関する支援を得られて、仕事をこなせるようになったからといって、成長を実感

図5　〝かかわり〟から得ているものと成長感因子との関係性：重回帰分析の結果

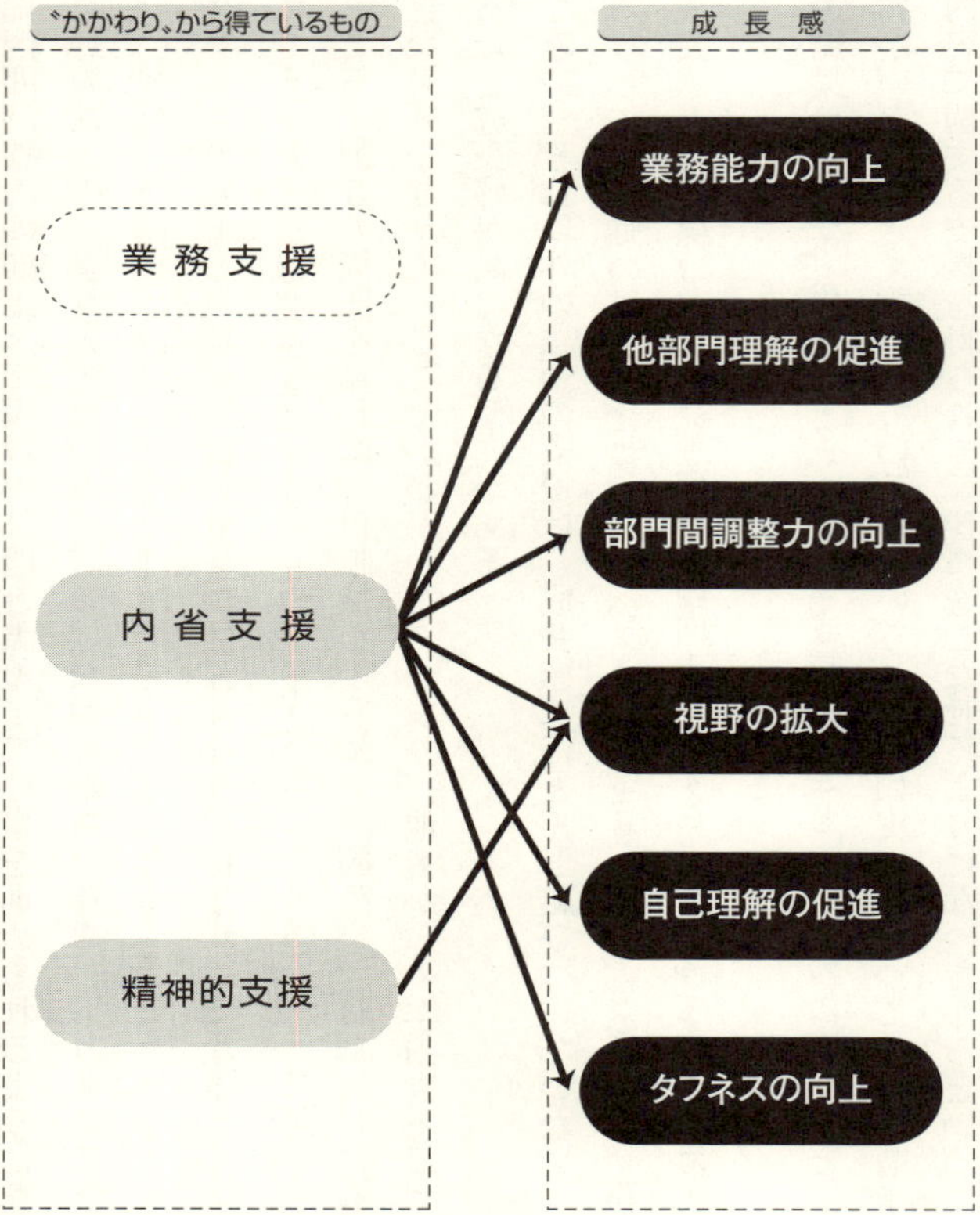

※ 各成長感因子を従属変数とし、〝かかわり〟から得ているものの各因子を独立変数として、重回帰分析（ステップワイズ法）を行った結果より、有意水準1%の独立変数を抽出した。それらを一つにまとめた図である。

出所）©（株）富士ゼロックス総合教育研究所『人材開発白書2009』中原淳・松尾睦（監修）p.30

表2　日常業務において大切にしている〝かかわり先〟

職場との関係		社内 同じ職場	社内 他の職場	社外
濃い	グループ　1	○		
↑	グループ　2	○	○	
	グループ　3	○		○
	グループ　4	○	○	○
	グループ　5		○	○
↓	グループ　6		○	
薄い	グループ　7			○

※社内同じ職場:上司、上位者・先輩、同僚・同期、部下・後輩
　社内他の職場:上位者、協業者、同僚・同期
　社　　　外:お客様、協業者、交流会や勉強会のメンバー

出所）©(株)富士ゼロックス総合教育研究所『人材開発白書2009』中原淳・松尾睦(監修)p.32

できるわけではない。仕事のできばえについてのフィードバックをもらったとき、もしくは仕事からいったん離れるなどして自己をちゃんと振り返れたとき、「ああ、もしかして自分は成長したのかもしれないな」と実感できるのだ。

〝かかわり先〟のバランスが成長感やモラールにどう影響するかについても分析した。それに先立っては、〝かかわり先〟のバランスを整理した。調査対象者たちがそれぞれ大切にしている〝かかわり先〟の上位三位が、「同じ職場」「社内他の職場」「社外」の三カテゴリーにどのように分布しているかを基準としてグループをつくると、表2のようになる。

各グループの人数を見ると、大切にしている〃かかわり先〃が「同じ職場のみ」であるグループ1が一番多く、全体の三分の一を占めていた。続いて多かったのは「同じ職場＋社内他の職場」（グループ2）と「同じ職場＋社外」（グループ3）で、それぞれ四分の一ずつ。「同じ職場＋社内他の職場＋社外」（グループ4）は一割に満たず、同じ職場を〃かかわり先〃として挙げなかった人（グループ5、6、7）はきわめて少なかった。職場との〃かかわり〃の濃淡で言うと、グループ1が最も濃く、グループ番号が大きくなるにしたがって薄くなる。

このような〃かかわり先〃のバランスが成長感やモラールに及ぼす影響について、「同じ職場内のみ」であるグループ1を基準に、各グループの状態を分析してみたところ、表3のような結果が出た。

グループ2（同じ職場＋社内他の職場）はグループ1に対して、成長感では有意な差は見られないが、「職場満足」と「リテンション」、つまり職場への帰属意識を示すモラール要素が低くなっていた。

グループ3（同じ職場＋社外）はグループ1と比べて、「視野の拡大」において成長を実感しており、モラールの面では「自己効力」と「内発的モティベーション」が高かった。大

表3 〝かかわり先〟の組合せによる成長感・モラールの違い：かかわり先が「同じ職場のみ」のグループとの違いの有無

〝かかわり先〟の組み合わせ	成長感						モラール				
	業務能力の向上	他部門理解の促進	部門間調整力の向上	視野の拡大	自己理解の促進	タフネスの向上	自己効力	内発的モティベーション	組織コミットメント	職場満足	リテンション
濃い（職場との関係）グループ 2 同じ職場＋社内他職場										−	＝
グループ 3 同じ職場＋社外				＋			＋	＋＋			
グループ 4 同じ職場＋社内他職場＋社外	＝								−	＝	＝
薄い（職場との関係）グループ 5 社内他職場＋社外									＝	＝	−

＋＋：「同じ職場だけ」より平均値が高く、1%水準で有意差あり。

＋：「同じ職場だけ」より平均値が高く、5%水準で有意差あり。

＝：「同じ職場だけ」より平均値が低く、1%水準で有意差あり。

−：「同じ職場だけ」より平均値が低く、5%水準で有意差あり。

※〝かかわり先〟が「同じ職場のみ」のグループと、それ以外のグループとの間に、成長感、モラールに関して有意な差がみられるかを確認するためにt検定を行った。

出所）©（株）富士ゼロックス総合教育研究所『人材開発白書2009』中原淳・松尾睦（監修）p.33

切にしている〝かかわり先〟が職場と社外の両方にある方が、本人にとってプラスになるということがわかる。

ところがグループ4（同じ職場＋社内他の職場＋社外）やグループ5（社内他の職場＋社外）となると、つまり職場との〝かかわり〟が薄くなると、マイナスの影響が表れる。グループ4は「業務能力の向上」をあまり実感できておらず、「組織コミットメント」「職場満足」「リテンション」も低い。グループ5もそれに似ている。職場に軸足がないと、モラールの低下を招く悪影響が危惧されるわけだ。

調査では、〝かかわり〟を育む組織の特徴についても分析してみた。〝かかわり〟から得られるもの、すなわち「業務支援」「内省支援」「精神的支援」に影響を及ぼす可能性がある組織要因としては、「互酬関係」「上司のメンテナンス機能」「ダイアローグ」「職場風土」「評価基準」「コンフリクト」の六要因（計一三項目）を取り上げた。

各要因を説明すると、以下のようになる。

・互酬関係……職場のメンバーが相互に助け合う関係
・上司のメンテナンス機能……上司がメンバー間の良好な関係を維持しようとするリーダーシップ行動の一つ

・ダイアローグ……職場のメンバー間で対話を行っているかどうか。「業務についてのダイアローグ」とは、仕事のやり方について職場のメンバーが相互に意見を述べ合うこと、「将来についてのダイアローグ」とは、自己あるいは事業や会社の未来について、職場のメンバーが話をすること

・職場風土……学び合う風土であるかどうか

・評価基準……メンバーの評価が成果ベースで決まるのか、知識の獲得・共有をベースに決まるのか。

・コンフリクト……仕事の進め方や人間関係、あるいは仕事の内容に絡んで対立がある状態。

私が注目したのは、「ダイアローグ」の効果だ。正直に白状すると、調査の準備中は、それほど大きな影響を及ぼす要因ではないだろうとやや軽く考えていたのだが、ふたを開けてみたら、非常に大きな影響が見て取れた。

「業務についてのダイアローグ」からは「業務支援」が、「業務／将来についてのダイアローグ」からは「内省支援」が、「将来についてのダイアローグ」からは「精神的支援」が得られるとの結果が出ている。つまり、職場のメンバー内で対話が行われることが、三つの支援のいずれにも結びついているということになる。

図6　〝かかわり〟から得ているもの（業務支援）に影響する組織要因：重回帰分析の結果

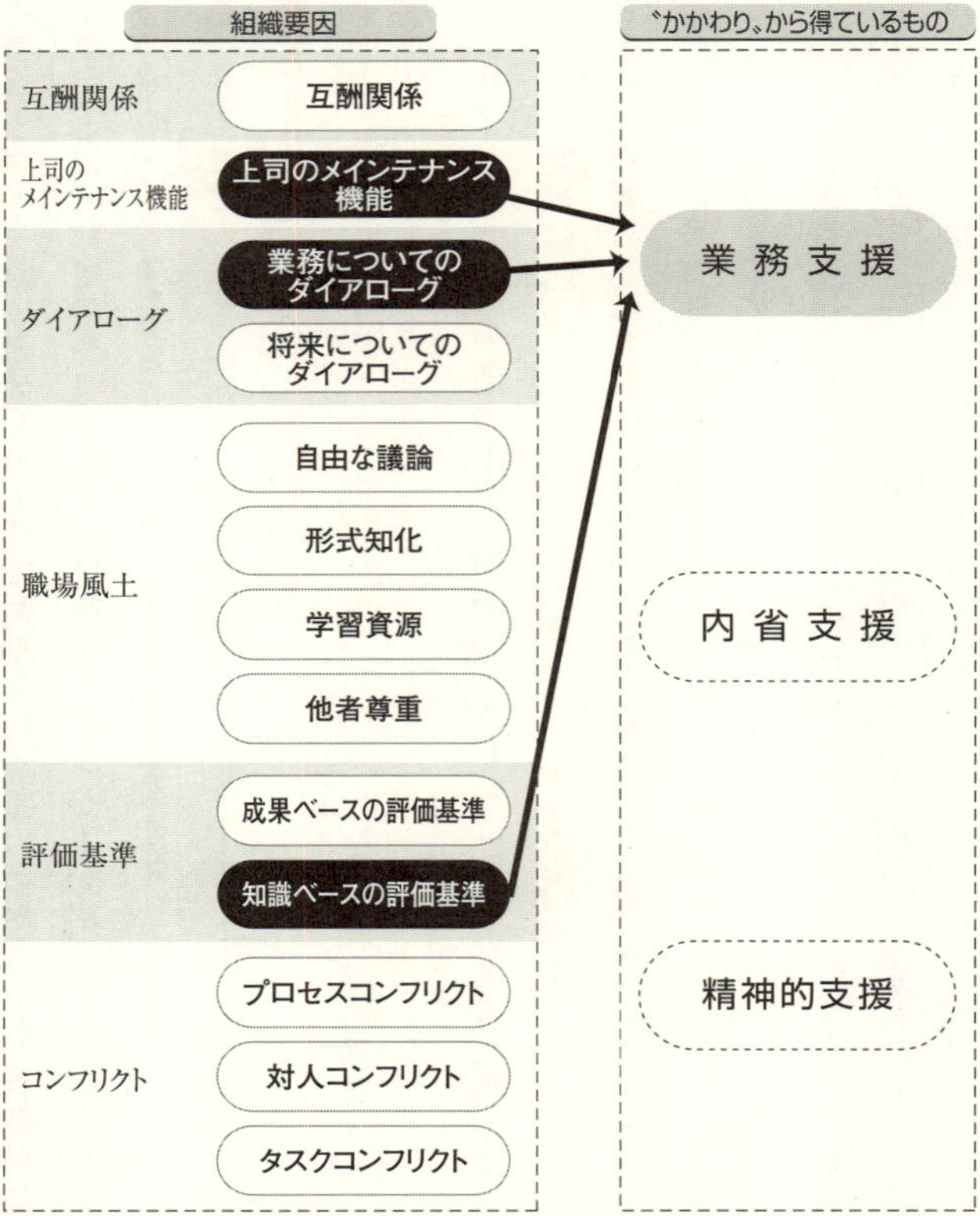

※〝かかわり〟から得ているものの因子の一つである「業務支援」を従属変数とし、組織要因の各因子を独立変数として、重回帰分析（ステップワイズ法）を行った結果より、有意水準1%の独立変数を抽出した。

出所）©（株）富士ゼロックス総合教育研究所『人材開発白書2009』中原淳・松尾睦（監修）p.38

図7　〝かかわり〟から得ているもの（内省支援）に影響する組織要因：重回帰分析の結果

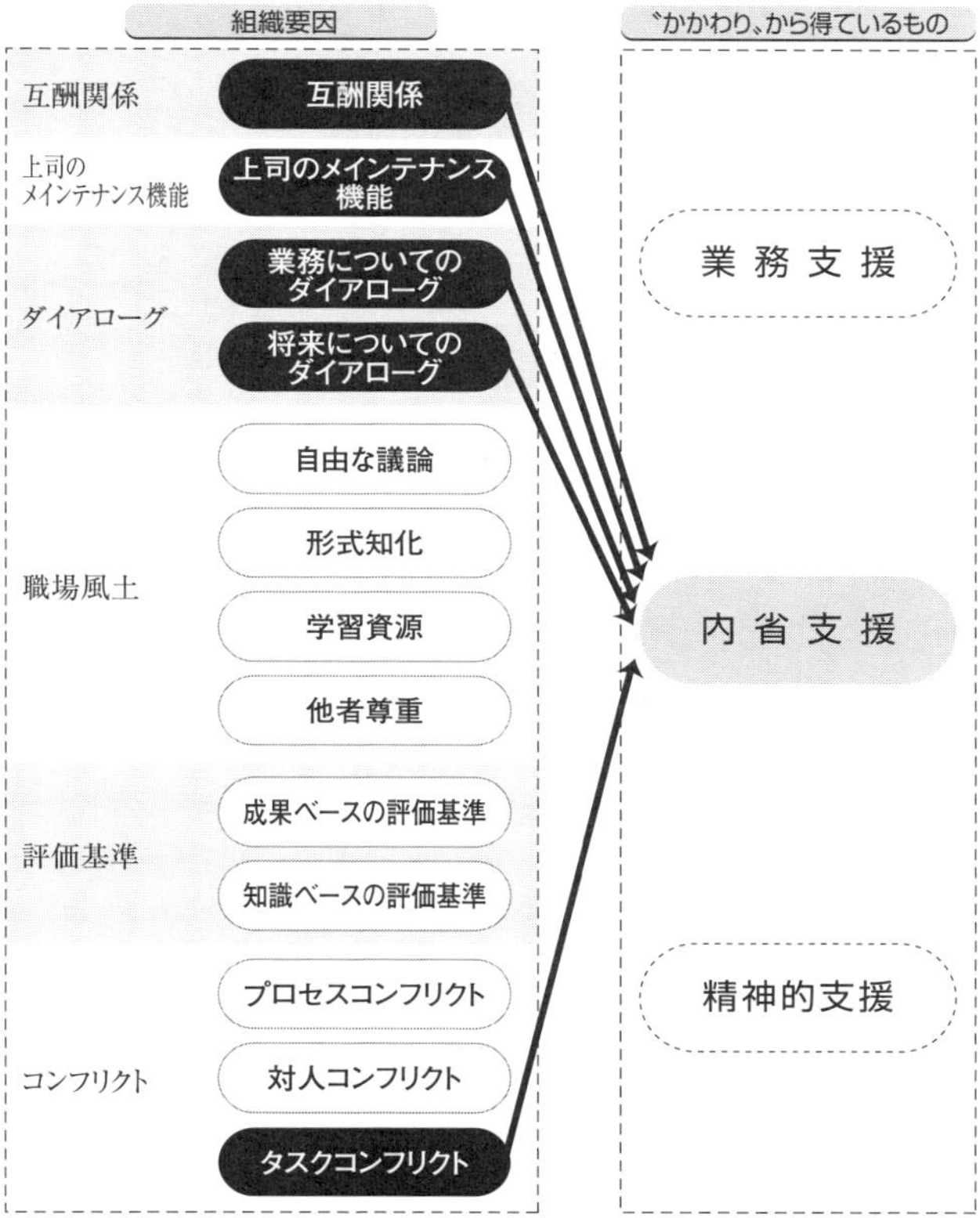

※〝かかわり〟から得ているものの因子の一つである「内省支援」を従属変数とし、組織要因の各因子を独立変数として、重回帰分析（ステップワイズ法）を行った結果より、有意水準1％の独立変数を抽出した。

出所）©（株）富士ゼロックス総合教育研究所『人材開発白書2009』中原淳・松尾睦（監修）p.39

図8　〝かかわり〟から得ているもの（精神的支援）に影響する組織要因：重回帰分析の結果

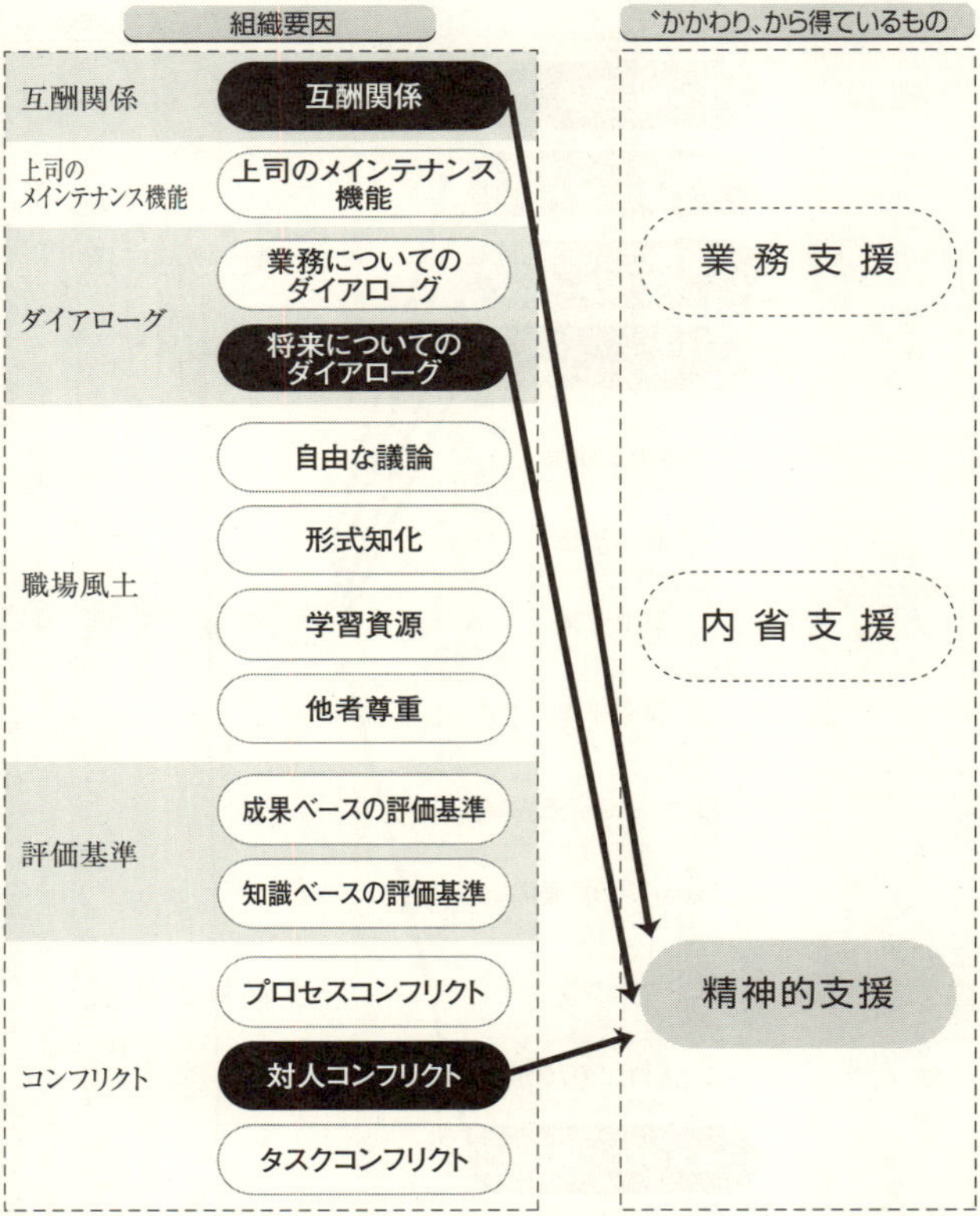

※〝かかわり〟から得ているものの因子の一つである「精神的支援」を従属変数とし、組織要因の各因子を独立変数として、重回帰分析（ステップワイズ法）を行った結果より、有意水準1%の独立変数を抽出した。

出所）©（株）富士ゼロックス総合教育研究所『人材開発白書2009』中原淳・松尾睦（監修）p.39

以上のことから、組織要因についてまとめると、メンバーがお互いに助け合っていて、業務や将来のことについての話し合いがさかんで、なおかつ上司がメンバー間の良好な人間関係を維持しようと働きかけているような職場では、若手・中堅が〝かかわり〟から多くの支援を得られている、と結論づけられる。

なお、図8では「対人コンフリクト」から「精神的支援」に矢印が伸びているが、これをもって「対人コンフリクト」が多い職場では「精神的支援」が得られるとは判断しづらい。人間的な対立が多い職場では、精神的な支援を必要とする人が多いと解釈するのが妥当だろう。

人は他者とかかわりながら学ぶ●中原

この調査の分析は簡易的なものであり、より正しい知見を得るためには、いくつかの統制変数を投入したり、階層線型モデルを採用するなど、よりアカデミックな分析方法を採用しなければならない。

しかし、詳細な分析はまた別の機会に譲ると断った上で言うと、この調査結果は、「働く大人は、職場にいる異なる人々との〝かかわり〟と支援を通じて、さまざまなことを学び、仕事をこなせるようになっている」こと、簡単に言うと「人はけっしてひとりで一人前になれるわけではない」ことをあらためて私たちに教えてくれる。

人は一人前になった後では、「自分はひとりで学んで一人前になった」と考えてしまいがちだ。しかし「学ぶ」の語源は「まねぶ」、模倣することであり、他者からまねび、他者に助けられ、勇気づけられ、ときには厳しくいさめられながら、人は一人前になっていく。こうした「他者との〝かかわり〟を通じた学び」の詳細を解明できたのは大きな成果だった。

「人間の学習には他者が必要である」と初めて主張したのは、夭折した心理学者レフ・ヴィゴツキーだった。バラス・スキナー、ジャン・ピアジェといった研究者によって打ち立てられたそれまでの学習理論が、学習を個人で完結するものと位置づけて理論を精緻化していったのに対し、ヴィゴツキーは「発達とはそもそも協同的である」という理論を打ち立てた。

だが、ヴィゴツキーの業績は、その死後しばらく評価されず、本格的な再評価が始まったのは一九九〇年代になってからだ。教育学や心理学の世界で「学びには他者との〝かかわり〟が必要だ」という認識が広まってきたのは、そう昔のことではない。

まして働く大人の学習の研究は、長らく教育学のメインストリームではなく、今もそうでない。それゆえ、企業や組織における〝かかわり〟を通じた学習の実態はほとんどわかっていない。そういう意味においても、この調査で得られたデータは貴重なものだと思う。

また、この調査はもう一つの面白い事実を私たちに投げかけている。それは「働く大人は社内だけで学んでいるわけではないかもしれない」ということだ。すでに見てきたように、「同じ職場と社外」に〝かかわり先〟をもっている若手・中堅は、成長感もモラールも高い。ということは、今後、働く大人の学びと成長を考えるにあたっては、社外での学習を無視できなくなる可能性が高い。

上司はもっと精神的支援を、部下はもっとネットワークを○金井

中原さん、松尾さん、そして富士ゼロックス総合教育研究所の方々の調査と分析に敬意を表しつつ、以下に感想を述べよう。

まず、この調査の主人公たちである若手・中堅の人たちと上司との関係についてだが、若手や中堅が上司から「精神的支援」をあまり得ていないという結果は、少々残念な気がしないでもない。もっとも、本調査で言う「精神的支援」は、息抜きや心のやすらぎを意味しているので、上司相手にそれを望むのは難しいのかもしれない。ここで、「精神的」というのは、気持ちだけは支えにという姿勢なのだろうか。

だが、上司から若手や中堅に対しては、自身の経験を踏まえた高度の薫陶や、若手・中堅が長期にわたってパワーを持続させられるような支援も与えた方がいい。このような本来の深い意味での「精神的支援」をマネジャーはより強く提供して、「業務支援」以外の形でも部下に対して存在感を示すべきではないだろうか。「精神的」というのが、世代継承性に関わるようなスピリチュアルなものになれば、ヴィゴツキー流の他の人を通じての発達にからんでくるだろう。

安心すべき点は、上司が若手・中堅に対して「業務支援」はきちんとしていることだ。このところ日本の職場では、かつてのような手とり足とり教えるタイプの上司が減り、口では部下に「任せた」と言いつつ、実質的にはほとんど放任に近い上司が増えたという危惧がしばしば表明されてきた。したがって、上司から若手・中堅への「業務支援」がうまくいっていると素直に解釈するのであれば、それはよい傾向だと言える。

ただし、上司から部下への「業務支援」については、部下の方がそれを強く望むから行われているという可能性も見落とすべきではないだろう。上司が部下に対して直接的に「業務支援」を行いすぎると、部下たちは自分で考えたりイニシャティブをとったりといった部分をおろそかにするかもしれない。「指示待ち」の部下が増えたので手取り足取り教える必要が高まっているため、よけいに「業務支援」が必要になるのだとしたら、悪循環が生じていることになる。

若手・中堅が同僚・同期から「精神的支援」を多く得ているとの回答パターンについては、追加的なインタビュー調査によるフォローがぜひとも欲しいところだ。おそらく同僚・同期の関係においては、直接的な「業務支援」は得られなくても、互いにわかり合えるという共感、「俺もつらいが頑張ろう」といった励ましが効くから、「精神的支援」がもたらされるのではないだろうか。ここでも、スピリチュアルな支援というより、気晴らし、気軽な励ましなら、上司より同輩の方がよいということだろうか。つまり、同僚・同期の間でのこうした「精神的支援」と、前述のような上司が本来もっと与えるべき「精神的支援」とは性質が異なると推察される。また、同期・同僚の間で「精神的支援」が活発に交わされる一方、業務の遂行を助け合う慣行がやや風化している現状を反映して、「業務支援」が相対的に少なくなっているのだとしたら、由々しいことだ。

部下・後輩から若手・中堅に向けての「内省支援」は、部下や後輩が上司には聞きづらいことを、先輩である自分に聞いてくるため、自分だったらどうするか、かつての自分はそういう場面でどう考え、どう行動して乗り越えたかを内省する機会が提供されているのだと解釈できる。見方を変えて言えば、上司の方が若手・中堅に対していきなり「業務支援」にタッチするのではなく、コーチングなどの手法を通じてうまく質問を投げかければ、若手・中堅に対してもっと「内省支援」を与えられるかもしれない。

「内省支援」が成長感に寄与することは、朱書して広く知らせる必要がある貴重な発見だと思う。なお、これについては本章の重要なテーマでもあるため、後でもう一度詳しくふれることにしたい。

最後に若手や中堅の〝かかわり先〟について感想を述べよう。この調査では、大切にしている〝かかわり先〟が「同じ職場のみ」である若手や中堅（グループ1）が、全体の三分の一を占めるマジョリティだった。この結果には考えさせられる。

というのも、戦略的発想で変革を実現できる人は、若いときから大きな絵を描く癖をつけ、描くだけでなく実現するために、自分の部門に閉じこもるのではなく、他部門や上層、さらには社外に広がるネットワークを構築していることが、前出のロザベス・M・カンターによるミドルの調査や、これも前出のジョン・P・コッターによるジェネラルマネジャーの調査で明らかにされているからだ。わが国で、私が行ってきた創造的なミドルや、戦略発想で人を動かすトップのインタビューでも、確認されている。ネットワーク構築力は、マネジャーになって突然身につくものではない。もしも管理職手前の人たちが「つながる力」や「かかわる力」を「同じ職場のみ」の範囲にとどめているとしたら、やはり気がかりだ。

マネジャーと学び○金井

中原さんから、若手や中堅の人たちがどのように他者とかかわり、どう成長しているかについてのデータをいただいた。私の方は視点を変えて、マネジャーはどう学び、どう教えるかということから話そう。

マネジメントの基本は、決められたことを決められた手順で、部下にきちんとやってもらうということだ。マネジメントのキーワードは「複雑なシステムの中の秩序」である。既存の評価や予算のシステムの上手な使い方なら入門編なら人事部（人材育成部門）の正規教育で教えられる。部下との接し方や部下の評価の仕方など、管理職として最低限知っておくべきことや、やってはいけないことを教えるのであれば、現場よりも研修の方が向いている。

マネジャーになりたての人は、当初は必ずといっていいほど戸惑いを抱く。といっても、何年かたつうちに、与えられた予算を部下たちにうまく割り当てて、彼らの働きを通じて目標を達成するというふうに経験を積んでいく。そうなると、一応、入門編はマスターしたことになる。

だがそれは、管理のシステムを使うのがうまくなっただけかもしれなくて、部下たちは、マネジャーが握っている評価権や人事権を恐れて、「課長の言うことを聞いておかないと損だから」という気持ちだけでついていっている可能性もある。

だから問題はその後で、システムをうまく使えるようになったマネジャーは、次のステップへと進んでいくように求められる。たとえばプロジェクトタイプの仕事、新商品の開発、傾きかけた事業部門の再建や、ゼロからの新規事業立ち上げなど、システムをうまく使うだけでは成功しえない仕事を任される。そういう仕事では、マネジャーが予算や権限を握っているからといって、それだけでは部下がついてくるとは限らない。その仕事がマネジャーにとって未知の分野であれば、部下たちの方が「お手並み拝見」と身構えている場合だってある。

こうした場面でマネジャーは、先ほどからふれているように「自らのイニシャティブで何らかの絵を描いて、その実現のために人々を巻き込む」リーダー的要素があるかどうかを試される。ここでのキーワードは「戦略発想で実現していく変化」であり、ときと場合によっては、「きちんと」という基本を離れて、既存のシステムを壊してでもリーダーシップをとらなくてはならなくなる。もちろん、最後まであきらめずにやり抜くこともリーダーたる人には求められている。

このへんの対比をジョン・Ｐ・コッターは、マネジメントは複雑性に、リーダーシップは変革にかかわると主張している。

私はかつて、こうしたリーダー的マネジャーの機能を「裏マネジメント」と呼んだ（拙著『ニューウェーブマネジメント』創元社、一九九三年）。「裏」といってもべつに悪い意味はなくて、マネジメントの基本（＝表マネジメント）だけでは対応できない場合のマネジメントに光を当てた呼び名だ。（表４）

裏マネジメントでは、目標そのものをみんなと一緒に探したり、手順がわからない仕事に取り組んだり、試行錯誤を繰り返したりする。端的に言えば「みんなで一緒になんとかやってみる」世界が開けている。表マネジメントが、ついつい管理に走って人をがんじがらめに縛りがちであるのに対し、裏マネジメントは、未知のテーマに挑戦する人を支える。また裏マネジメントでは、マネジャーは階層で上位だから知識の上でも上位だという発想は通じない。とりわけ未知への挑戦においては、知らないことは知らないと素直に認め、組織のメンバーたちがそれぞれの経験と思考を踏まえて議論し合い、新たな知識が創造される場をつくり出す必要がある。

このような裏マネジメントは、企業の正規教育である研修では教えられないし、学べない。リーダー的要素をもった上司や先輩と一緒に働きながら薫陶を受けたり、自分がそういうマネジメントを行わなくてはならない場面に立ったときに経験を積んで身につけるしかない。その意味では、企業でイノベーションを担う研究開発部門などは、裏マネジメントを学べる場、変革型リーダーを輩出する「学校」になりやすいとも言える。

続いて、マネジャーは何をどう教えるのかについてだ。

マネジャーには本来、教育者的な役割が織り込まれている。「教育者」というと、「先生」をイメージしてしまうかもしれないが、それだとちょっとニュアンスが違っている。マネジャーから受ける薫陶においては、ふだん話す内容や言行が一致した行動を通じて部下に何かを教えることとの方が比重は大きい。

前章でも概観した通り、最近はミドルマネジャーの多忙による疲弊やつらさがさまざまな形で語られる。ただし、こと教育に関して言うならば、マネジャーがプレイヤーの機能を果たしつつ、部下に仕事の極意を伝授する方が、部下も学べるし、マネジャーとしてもやりがいを感じられるのではないだろうか。少ない部下しか与えられずに、高い目標をめざせと命

表4　表マネジメントと裏マネジメント

表マネジメントの仮定	裏マネジメントの仮定
★自分ではなく、他の人々に動いてもらう	☆みんなでなんとかやってみよう
★なすべきことの中身は決められている	☆未知のことに挑戦する
★上に立つものの知識的優位	☆メンバーの方がよく知っていることもあるという認識
★リーダーが考えたひとつの正解を押し付ける	☆ともに考える姿勢を示す
★権限のひと	☆議論のリーダー
★組織にたまった知識の利用	☆活動やネットワークを通じて生み出される知識
★曖昧性の低減	☆議論、実験のきっかけとなる曖昧性
★「権限と責任の一致」の原則を守る	☆原則を生み出せるような能力
★上司のいったとおりにする	☆上司のいったことを検討、賛同、批判、議論をする

じられるのはたしかに大変だけれども、一線にも立てて、部下も育てられれば、働く喜びを二重に味わえるのではないだろうか。

たとえば、営業担当で辣腕《らつわん》で鳴らした人が、営業所長になったとしよう。本人はまだマネジメントは苦手でも、営業のコツならさっそくにでも教えられる。部下に対して「信頼が大事だぞ」「訪問頻度が大事だぞ」「頻度が大事といっても行きすぎはダメで、大事なのはタイミングだぞ」といった具合にアドバイスし、ときどき同行もできれば、部下は学ぶところが多い。それだけでなく、その辣腕営業マンが、所長になってからも一番の大口客などを担当できたら、プレイヤーとしての矜持《きょうじ》ももち続けられるに違いない。逆にマネジメントしかやらせてもらえないとすれば、部下にとっても本人にとってももったいない。

「教育者」(他に適切な言葉が見当たらないからそう呼ぶ)としてのマネジャーは、部下たちがいずれくぐる経験を先にたくさん積んで、それらを語ったり、背中で見せたり、よいモデルになったりして、部下の育成に貢献できる。そうした部下へのかかわり方はけっしてつらいことばかりではなく、部下が立派に育てば、教える喜びを感じられるし、実務的にも助かるはずだ。

もう一つ大事なことは、中原さんが先に指摘したように、部下に教えることによってマネジャー本人も学べるということだ。

甲南大学経営学部准教授の尾形真実哉《まみや》さんは、神戸大学大学院にいたときの博士論文（二〇〇七年）で、組織に新人が入ってきた際には、上司や先輩の働きかけが新人に影響を与えるだけでなく、新人も上司や先輩に対して影響を与えていることを明らかにした。このことは、マネジャーにとって、新人との出会いは学習のチャンスであることを意味している。自分ができることをできない人に教えるという行為は、自分に新たな気づきをもたらす。私もまた世阿弥にならって言うとしたら、「初心」に返ることで基礎が深まるのだ。

「闘わない奴等」にとやかく言われたいか●中原

金井さんから、世の中の上司に対し、部下の成長をもっと支援すべきだとのエールをいただいた。たしかに、上司やマネジャーが「教育者的な役割」を担いうるのだとしたら、中堅や若手にとっては福音となるかもしれない。

私も、プレイしながら部下が育つ環境を整備しなければならないマネジャーには同情する一方で、マネジャーがプレイングの状態は、「部下育成のよい契機」になりえるのではないかと思っている。もっと言うと、プレイングな状態にあるマネジャー以外に、部下は育てられるのだろうか、プレイングでないマネジャーから、部下は本当に学ぼうとするのだろうか、とも思う。まだ若い(と思っている)自分に引きつけてみても、ついそう考えてしまう。

理由は二つある。一つは認知的理由だ。たしかにプレイングマネジャーは忙しく、部下に直接教える時間はないのかもしれない。しかし「彼ら彼女らがプレイングしている様子」は、つねに部下の視線にさらされている。となると、マネジャーは直接、教えてはいなくても、部下の方ではマネジャーの行動の観察を通じて、「そうか、あんなふうにプレイすればいいのか」というふうに学ぶ機会を得るのではないだろうか。

社会学習理論で有名なアルバート・バンデューラは、自分は直接、経験をしなくても、他人の行動や振る舞い(モデル)を間接的に見る(観察する)ことで成立する学習を「観察学習(observational learning)」と呼び、それにともなって行動変容が起こることを「モデリング(modeling)」と呼んだ。この考え方にそって言うと、部下は観察学習を通じて、マネジャーの立ち居振る舞いや身のこなしを見よう見まねでおぼえていくことができる。

また、部下が、忙しいマネジャーに遠慮しつつも、業務における支援を求めてきたときには、それは上司にとっての学びの契機にもなりうる。先の調査や金井さんの話にもあったように、「教えることは学ぶこと」であり、語ることによって初めて理解できることもあるからだ。プレイングであることは、上司の学びを誘発している。プレイングな上司と部下の間で起こっているのは、お互いが学び合うプロセスそのものであるように思う。

二つ目は情動的理由だ。マネジャーがプレイングな状況にあるからこそ、何かを言われた部下は、言われた内容が腹に落ちるのではないだろうか。「プレイしているあの人が言うんだから、そうなんだろう」という感じだ。

逆にもし、プレイングでないマネジャーに何かを言われたとしても、部下は素直にその教えの意味を理解できるのだろうか。言われたことにうなずきつつも、心の中では「うーん、あの人に、ああだこうだ言われてもなあ」と思わないだろうか。

「闘う君の唄を闘わない奴等が笑うだろう」。そう歌い上げたのは、中島みゆきだった（『ファイト！』一九八三年）。読者のみなさんは、「闘う自分たちの唄」の真贋《しんがん》を「闘わない奴等」にとやかく言われたいだろうか。言われるのを不条理だとは感じないだろうか。大人である自分たちに対して「学べ」「成長しろ」と命じる相手に対し、「で、あなたはどうなのか」と言い返したくはならないだろうか。

上司と部下は学び合う●中原

とくに、先ほど金井さんが例に挙げた「営業のコツ」みたいなことは、「プレイングな人」こそ「教え役」にふさわしいことを物語っている。ジャズの演奏のように、オンステージでの即興プレイを繰り返すことが、プレイヤーの熟達化につながるからだ。

学びの機会は、いつもインプロビゼーション（improvisation：即興）の中にあるのだ。働く大人にとって本当に重要なことは、詰まるところ、インシチュ（in situ：本来の場）でしか教えられないし、学べないのかもしれない。

マネジャーが教え役となる学習について、もっと踏み込んで話そう。上司と部下は基本的に非対称な関係にある。ゆえに、上司が教えるタイミングや教え方を間違えると、ただの「説教」になりかねない。

たとえば、ふだんろくに教えてくれない上司が部下を居酒屋に連れ出し、いきなり仕事について語り出しても、部下はそんな話を聞きたくもないだろう（きっと「誰も行きたくないカラオケ」よりもいやだ）。しかし部下が逃げ出すわけにいかないのは、上司と部下が非対称な関係にあるからで、冷めた部下なら、目の前でとうとうと語られる仕事論を聞き流し、「この上司こそ、学ばない人だ」と胸の奥でつぶやくに違いない。

非対称の関係の中で、上司は、部下をいかに指導すべきなのか。たとえば、上司が自分の経験を語るにあたっては、以下の四つの点に注意すべきだと思う。

第一に、タイミングを考えること。先ほど述べたように、語るときには教育的瞬間を見抜く必要がある。教育的瞬間を外した経験の語りは、説教になってしまう可能性が高い。

第二に、成功経験だけでなく、失敗経験も語ること。失敗経験の語りは業務能力向上にとって非常に重要であるという知見が出ている。

第三に、プロセス（出来事の連鎖）をつまびらかにすること。５Ｗ１Ｈを明らかにして、その経験から自分が何を感じ、何を思ったのか、そこから導き出される教訓は何なのかを話すのがいい。

第四に、吟味や反論の可能性を認めること。経験は、つねにどんな状況にもあてはまるとは限らない。上司の経験の中には、今のビジネス環境に照らせば時代遅れになってしまっているものもある。そのエピソードが今に通じるものなのか、教訓に妥当性があるのかを、きちんと部下と話し合えることが重要となる。

たとえば、何らかの信念を部下に対して語りたい上司がいたとしたら、まずは教育的瞬間を見極め、その上で、自分がどんな仕事を抱えていたときに、どんな困難に出会い、何に成功して、何に失敗したのかを具体的に語ってほしい。そして、経験から何を学んだのかを簡潔にまとめて伝え、と同時に、自分の信念が自分の経験と自分の言葉で語られたものである以上、聞いた人から「それは本当に妥当なのか」と突っ込まれる余地があることも認めなくてはならない。

わからないことはわからないと言うことも大切だと思う。その点、金井さんが「裏マネジメントでは、マネジャーは階層で上位だから知識の上でも上位だという発想は通じない」と指摘したのには私も同感だ。上司と部下の学び合いは「わからなさの共有」から始まる。

またしても、私個人の話をする。教員になって間もない頃、私は、自分は「教える立場」なのだから、知識をしっかりもって伝えなくてはならないと思い込んでいた。けれどもしばらくして、行き詰まった。学問の世界で「わかっていること」「確証をもって語りえること」など、本当は非常に少ない。わからないことが多いから、私たちは研究しているのだとも言える。

だから、今の私は授業やゼミでしょっちゅう「わからない」と言う。「あの研究の、この部分は、さっぱりわからない、どう思う?」などと平気で言う。確立された知識を教えるよりも、「いまだわからないこと」には「わからない」と言い、相互に探究しようという姿勢に変わったのだ。学生の中には戸惑う者もいないわけではないが、だんだんと慣れてくる。教える側がわからなさを表出しないと、相互の学び合いは始まらない。

内省的実践家としてのマネジャー●中原

先ほど金井さんは、マネジャーは部下たちへの「教育」を通じて自らも学んでいると話された。今、私は、上司から部下に対しての経験の語り、互いに学び合う大切さについて述べた。これらはほぼ同じことを意味しており、どちらも「内省」が深く介在している。富士ゼロックス総合教育研究所の調査をもう一度もち出せば、「内省支援」は「成長感」にも大きく寄与する。

英語に「リフレクション（reflection）」という言葉がある。日本語では「内省」「振り返り」「反省」「省察」などと訳される。このリフレクションが、専門家（プロフェッショナル）と呼ばれる職種の人たちにとってきわめて重要であると説いたのは、MITで組織学習を研究していたドナルド・A・ショーンだった。

専門家は、不確実で不安定で矛盾に満ちた現場に身を置いている。そして、働きながら葛藤を繰り返す中、刻一刻と変わる状況を瞬時に読み解いて、そこだけで通用する「束の間理論」を即興的に次々に構築していく。

そんな専門家の具体例として、ショーンは、建築デザイナー、精神療法士（医師）、自然科学者、都市プランナー、企業のマネジャーを取り上げ、その特徴的な振る舞いを「行為の中の省察（reflection in action）」と名づけた。そして「状況の分析」と「対応のための行為」を流れの中で同時かつ継続的に実行しているプロフェッショナルたちを、「リフレクティブ・プラクティショナー（reflective practitioners）」と呼んだ。少々こなれないのだが、「内省的実践家」「反省的実践家」「省察的実践者」などと訳されている（『省察的実践とは何か――プロフェッショナルの行為と思考』柳沢昌一・三輪建二監訳、鳳書房、二〇〇七年、原著は一九八三年）。

ショーンの業績は、経営学のみならず教育学にも多大な影響を及ぼし、教育学へのそれは、主として教師教育の領域で顕著に見られた。ショーンがハーバード大学に提出した博士論文は、教育思想家のジョン・デューイに関連する論文であったことからも、教育学との親和性が見て取れる（デューイについては後述する）。

従来の教師教育研究においては、教師に必要な知識・スキルを同定し、それを獲得させることが、よい教師の育成方法とされていた。ところが、そこにショーンが内省の重要性を打ち出したため、教師が自分の行っている教え方に対する内省を深めつつ実践を進めることが、教師の成長にとって最も重要なことであるというふうにパラダイムが転換し、新たな教師育成のあり方が模索されるようになった。その衝撃はすさまじく、「ショーン・ショック」と言われることもある。

専門家が、働く現場において直面する課題は、科学的に証明されていることばかりではなく、技術的合理性で割り切れることは案外少ない。だからリフレクティブ・プラクティショナーは、何らかの状況に置かれたとき、あらかじめもっていた知識や身についた考え方に基づいて解決しようとするのではなく、問題を自ら設定し、解決し、振り返る。このプロセスが内省的（反省的、省察的）実践だ。

ただし、「行為の中の内省」には弱点があると、ほかならぬショーン自身が指摘していることも、私たちは見逃してはいけない。「行為の中で行われている内省」も重要だが、「行為の後に行われる内省（reflection on action）」もまた重要なのだ（この点にとくに注目したデイヴィッド・コルブの学習モデルについては後述する）。なぜなら、混沌とした現場に身を置いて、次々に起こる問題に対処し、行為と内省を繰り返していると、全体の方向感覚を見失い、「問題の場当たり的な解決者」に堕してしまうからだ。

「行為の後の内省」はときに痛みをともないもする。経験の中には手痛い失敗もあるだろうし、失敗経験を内省することは、ときに葛藤を引き起こしたり、それまで当たり前だと信じていた知識や仮説や前提を問い直すことにもつながりうるからだ。こうしたプロセスを英語では「アンラーン (unlearn)」と言ったりする。哲学者の鶴見俊輔氏は、この用語に「学びほぐし」という妙訳をあてているが、学びほぐしは、けっして生やさしいことではない。

成人を対象にして学習研究を続けてきたコロンビア大学のジャック・メジローによれば、「成人の学習」とは、「経験を解釈し、行為を決定するための解釈の枠組み（準拠枠）が変容すること」であるとしている。メジローは、これを「変容的学習 (Transformative learning)」という概念で論じた。メジローによれば、変容的学習が起こる契機になるのは、省察的対話であるという。そして、その際には、「ジレンマ」「葛藤」「焦燥感」といったネガティブな局面がともなうとしている。畢竟《ひっきょう》、大人の学びは、「痛み」をともなうものなのかもしれない。

二重ループ学習○金井

中原さんから、ドナルド・A・ショーンの紹介があったので、そこに関連づけて話そう。

図9　二重グループ学習

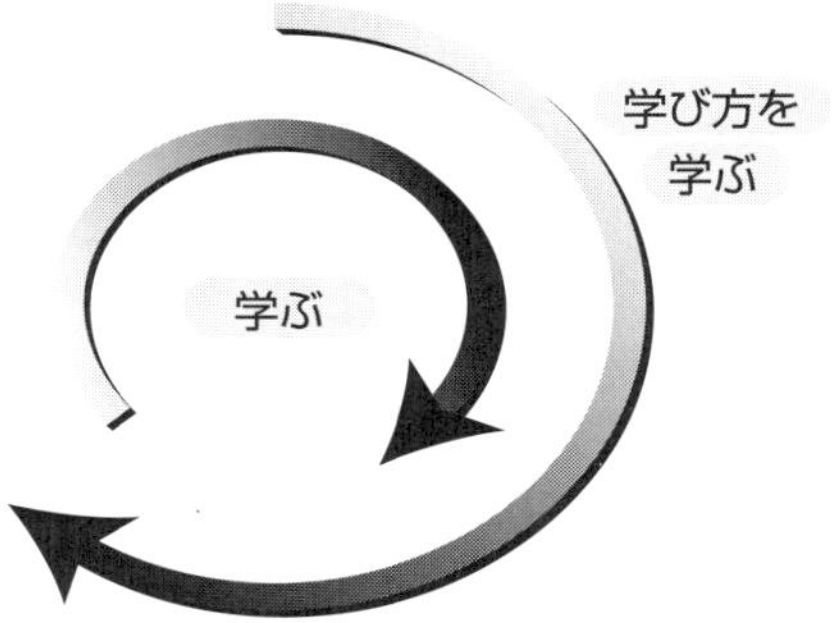

今は亡きショーンの盟友だった研究者にクリス・アージリスがいる。アージリスはハーバードのビジネススクールと教育大学院の教授を兼務し、人の成熟や学習、それらを可能にする組織のあり方をめぐって、絶えずアクションサイエンス（実践的行為につながる科学）の立場から発言してきた。

　ハーバードと、ショーンがいたＭＩＴは目と鼻の距離にある。アージリスとショーンは初対面ですぐに意気投合し、それ以降は週に二、三日、それも長時間話し込んで共同研究をスタートさせた。研究者にとっては、なんともうらやましい感動的な出会いだ。

　そんなアージリスとショーンの名を世に知らしめた業績の一つが、「二重ループ学習（double-loop learning）」の概念だった。（図9）

　これまで学習してきたやり方を、たとえその方法がもはや通用しなくなっていてもやり続けるような閉じた学習を「単一ループ学習（single-loop learning）」と呼ぶ。こうした学習には、学習のやり方そのものの正しさを問うフィードバックループがない。これに対し、「二重ループ学習」では、学習しながら学習のやり方そのものも問う。簡単に言えば、できばえのフィードバックしかないのが単一ループ学習で、できばえもさることながら、やり方はこれでいいのかという内省につながるフィードバックがあるのが、二重ループ学習だ。

ちなみにアージリスが単一ループ学習の落とし穴に気づいたのは、経営コンサルタントや学校教師と接する中でだった。クライアントのニーズを聞かずにいつも同じアドバイスを押しつける石頭のコンサルタント、もはや通用しなくなったパターンで教え続ける教師。過去のやり方を意図せずに固守し続けるそういう人たちの態度を、アージリスは「防衛的ルーチン（defensive routines）」と呼んだ。

私がアージリスの奥深さを知ったのは、二〇〇三年、アメリカ経営学会に出席したときのことだった。大会期間中にアージリスの八〇歳の誕生日を祝う催しがあり、本人による特別講演に続いての対談で、聞き手のE・P・アントナコポゥロ（マンチェスター大学）がアージリスにいたずらっぽく尋ねた。

「クリス、あなたはいつもとても情熱的だが、自分の熱意や積極性が学生にとってマイナスに作用することはありませんか？」

日本人の感覚だと、大先生に対してやや失礼な質問かなとも思えた。しかしアージリスは顔色も変えず、しばらく考えてから「ありえると思うよ」とうなずいた。そして「一部の自律的な学生にとっては、教える私が情熱的であるがゆえに、かえって学習が阻害されるのではないかとも考えられる」と述べた。

あのときアージリスが即答しなかったのは、聴衆を前にしながら、自分への問いについての内省をめぐらしたからだと思う。情熱的な教え方が学生の学習をかえって阻害してしまう可能性に言及し、自ら二重ループ学習を実践していることを、さらりとその場で示したのもさすがだった。

単一ループと二重ループの対概念《ついがいねん》は、本来は組織がどのように学習するかについて明らかにしたものだが、個人レベルの学習を考える上でも参考になる。

能率よく仕事を片づけるには、原則をおぼえるのが手っ取り早い。しかし、より長期的な創造的適応力を維持するためには、原則を生成したり、改変したり、もしくは原則の範囲内でも即興的に考えることが必要となる。

そのためには、原則が拠《よ》って立つ意味をよく理解する必要がある。意味を探求し、原則を自ら生み出すのが、リフレクティブ・プラクティショナーの真骨頂だ。

先に私は、プレイングマネジャーが伝授する営業のコツについて話したが、読者のみなさんにこんな経験はないだろうか。仕事のうまいやり方を教わろうと思って、ベテランに話を聞きにいく。なのに、「こうやれば間違いない」というツボがいまひとつ聞き出せない。なぜなら、本当に重要なツボであればあるほど、わかりやすい原則に言語化されているとは限らないからだ。しかも往々にしてベテランは、自分のやり方の特徴を未熟な人にもわかるように説明できなかったりする。

未熟な人から「なぜ、そういうやり方をするのですか」と聞かれたとき、「とにかく俺のする通りにやれ」と言って模倣を強要するベテランは、単一ループ学習を押しつけていることになる。二重ループ学習の大切さがわかっているベテラン——こういう人こそ教育者としても一流だ——だったら、模倣を強いるのではなく、自分がやっている仕事の真の意味や、特定のやり方をしている理由を、自らも内省しながら教える。その過程において、今までのやり方で本当に正しいのかという深いレベルでの学習が生まれる。

読者の中に、一流のプレイングマネジャーや、自分を高めつつ部下も育てられるマネジャーをめざす人がいたら、二重ループ学習の大切さをぜひとも心に留めておいてもらいたい。行動の原則は行動しながらでないと身につかないが、深く内省しながらでないと真に自分のものにはならない。

子どもの背が毎年伸びるのとは違って、大人がフルタイムで働くようになってからの成長は、本人の目には見えにくい。意識してフィードバックを求めるか、今が節目だと思ったときにしっかり内省して経験の意味を探らないと、なかなか成長に気づけない。

加えて言うと、ＥＱ（心の知能指数）の研究で名高いダニエル・ゴールマンが警告したように、人がえらくなっていくのは、残念ながら、フィードバックが減っていくプロセスでもある。子どものころは、父さん母さんだけでなく兄姉、古き良き時代なら近所のおじさん、おばさんまでがほめたり、しかったりしてくれた。小学校、中学校でも、まだしつけがあり、何かが違っていると怒られる。良いとほめられる。大学に入ると、自由を謳歌し、会社に入るとまた何かとしつけられる。でも担当者から、課長、部長になるにつれて親身なフィードバックやアドバイスが減っていく。社長になると諫言《かんげん》できるようなナンバーツーがいなくて、フィードバックが株主からのみだったら残念だ。でも、ゴールマンの言うとおり、フィードバック源を大切にする努力をしなかったら、偉くなるほど学びのためのフィードバックは減っていく。だから、社長、会長になる頃には、経済団体や財界の活動が大切になるのであろう。そこは先輩経営者もいれば、対等にフィードバックしあえる同輩レベルの経営者もいる。だからプロファイリングやパーソナリティテストを受けたり、リーダーシップについての三百六十度フィードバックをもらったりする意味があるわけで、自分なりに内省の機会を見つけて、成長感をより確かなものとして自覚し、なおかつ成長を促進した経験からの教育を引き出すことが重要となる。対話が発達促進的なのは、相互に気がついたことをフィードバックしあえるし、そこから面白い統合も起こるからだ。

また、内省は多くの人が誤解しがちな行為でもある。シェークスピアが描いたハムレットのように、内省すればするほど行動できなくなるというのは、よい内省の仕方ではなく、将来を展望するのに役立つような内省の仕方、そのおかげでより自信をもって行動できるような内省の仕方が望ましい。ショーンは「内省的内省家」とは言わず、あくまでも「内省的実践家」と言ったのであって、うまく実践するにはどうしたらいいのかを実践の中で内省できるかどうかがポイントだ。

ところで、富士ゼロックス総合教育研究所の調査では、若手や中堅は部下・後輩から「内省支援」を得ているものの、上司からはあまり得ていないという結果が出ていた。中原さんが世阿弥を引用したように「下手は上手の手本なり」だけれども、「下手」から学ぶのには限界があり、「上手」から指摘されて内省し、「まねぶ」ことも大事だと思う。その意味において、上司が若手や中堅にうまく「内省支援」を与えていないのだとしたら、やはり気がかりと言わねばなるまい。

上司として実践の中で部下の内省を促す場合には、中原さんも指摘していたように、部下が実際に行動しているその場（インシチュ）で自然体でコーチングすること、頭から教えて（ティーチングして）しまうのではなく、質問の形で接するのがいい。「どうしてそういうやり方をするのか」「君としてはどうやりたいのか」「そのやり方だと、どうなると思うか」などがよい質問例になりうる。ピンチの状態を部下がうまく切り抜けたときには、「この経験からどういう教訓を得たか」を問い、うまく切り抜けられなかったときには、「この経験を今後にどう生かすか」を尋ねるのも効果的だろう。

経験からの持論と理論を突き合わせる○金井

内省するマネジャーを「リフレクティブ・マネジャー」と呼ぶこととし、そうなるための方法論に踏み込んでいこう。

かねて私はリーダーシップやモティベーションの実践的なとらえ方として、持論アプローチを提唱してきた（拙著『リーダーシップ入門』日経文庫、二〇〇五年、および『働くみんなのモティベーション論』NTT出版、二〇〇六年）。

リーダーシップにもモティベーションにも、さらには働く現場にまつわるさまざまな事象においても、研究者の理論とは別に、実践家の持論というものがある。前出のアージリスとショーンは、これを「セオリー・イン・ユース（theory-in-use）」と名づけた。またショーンは「セオリー・イン・リフレクション（theory-in-reflection、実践を内省して見つかるセオリー）」という言い方もした。

リーダーシップ研究の文脈では、前出のノエル・M・ティシーが「TPOV（Teachable Point of View）」と呼んだものが持論に当たる。TPOVは「教育的見地」と訳されたりするが、これだと少々硬い。レイモンド・カーヴァーの小説『愛について語るときにわれわれの語ること（What we talk about when we talk about love）』にならって、「リーダーシップについて語るときにわれわれの語ること（what we talk about when we talk about leadership）」と言う方がわかりやすそうだ。

モティベーション研究の文脈だと、心理学者キャロル・S・ドゥエックが「セルフセオリー」と呼んだものが、やはり持論に相当する。「セルフ」を文字通りに訳すなら、「自論」と書く方が適切かもしれない。

また、前出の野中郁次郎教授が説く知識創造の組織論では、仕事をうまくできる人が、うまくできることについての知恵を暗黙知のままに放置せずに、言語化して形式知にしたものが持論ということになる。

ここではモティベーションを例に、持論についてもう少し詳しく話そう。

人が会社に入って、まだ担当者レベルであったとしても、「やる気」の観点から自分自身を知ろうとすれば、自分に当てはまる実践的モティベーション理論が必要となる。それは、「自分はどんなときに頑張るか」「どんなときにさえなくなるか」といった素朴なセルフセオリーかもしれないが、持論づくりのスタートはこれでかまわない。逆にどんなに有名な研究者の理論でも、自分にまったく当てはまらないのなら、信じる気持ちになりにくく、とどのつまり実践の役には立たない。

が、しばらくして、その人が後にプロジェクトのリーダー格になったり、正式なラインマネジャーとして部下をもつ立場になったら、自分に当てはまる理論だけに寄りかかってはいられない。人に動いてもらうことが自分の課題になるためで、人のやる気は十人十色だと気づかなくてはならない。そうなると、自分だけでなく一人ひとりの部下によく当てはまる理論に対しても感受性を高める必要が出てくる。

私は、前者を狭義のセルフセオリー、後者を、カバー範囲も広い広義のセルフセオリーと呼ぶ。さらにはより高度なセルフセオリーとして、自分だけでなく、周りの人々を含む世界、自分を超えた世界でも成り立つワールドセオリーをも内包するような持論をつくるところまで進んでほしいと呼びかけてきた。

幸いにして私は、よき批判者、何でも遠慮せずに適切に批判してくれる同僚に恵まれていて、私がしばしば持論の話をもち出すと、「持論の原点が個人の経験だけだとしたら、学習の範囲が限定されることになりませんか」とか、「研究者による理論的な裏付けがない持論だけもっていても、いずれその人が困ることになりませんか」とか、もっとはっきり「そもそも持論なんてものを否定してきたのが、経営学一〇〇年の歴史じゃないんですか」などと愛情のこもったコメントをいただく。

いずれもその通り。「愚者は経験に学び、賢者は歴史から学ぶ」との格言もあるし、経験のみに頼った持論は、素朴であるがゆえにリスクをはらんでいる（ただし、経営学の理論には、実践家の持論を研究者が後追いしてつくったものもたくさんあるから、研究者の理論の方が立派で、実践家の持論は素人考えだと一方的に決めつけるのはよくない)。

経験だけから学ぶ危険性については、前出のロザベス・M・カンターが、自著の中で「ローストポーク・プロブレム」という話を引き合いに出して強調している。小噺か寓話と受け止めてほしいのだが、こんな話だ。

昔々、中国の村で火事が起き、ある家で飼っていたブタが丸焼けになった。火が消えた後、村人たちが、かわいそうなブタを食べたら、ほどよい焼き加減で、すばらしくおいしかった。村の長老たちは話し合った。「さて、次はどこの家を焼こうか」と。

言うまでもなく、この場合、長老たちが立てるべき正しい問いは、「どういうふうに焼いたら、こんなにおいしい焼き豚ができるのか」だった。このように経験からのレッスンにはワナも待ちかまえているとカンターは戒めた。

私が、リフレクティブ・マネジャーをめざす人たちに言いたいのは、研究者の理論なんか関係ないと背を向けて自己流に留まるのではなく、経験からの内省によって自らつくり出した持論を、研究者によって検証された抽象度の高い理論とうまく突き合わせ、自分なりの裏付けをとってほしいということだ。理論と両立するような持論こそパワフルなのであり、理論の目利きになるためにも持論を生かしてほしい。

私たち研究者の側にも問題はあって、「仕事で一皮むけた経験」を聞くにせよ、マイ・ベストジョブを挙げてもらうにせよ、働く人は現場でどんな経験をしていて、その中のどんな経験が持論づくりに比較的有効かといったことを分類・整理しないまま、「経験こそが学校だ」とOJTに任せ切ってしまうと、無責任のそしりを免れない。よい経験を積んできているのにそこからうまくレッスンを引き出せない人がいたら、研究者の理論で裏付けを提供して、その人にとって信頼の足る持論ができるようにサポートすることも大事だと思う。

フォーマルセオリーとフォークセオリーと●中原

金井さんから「研究者の理論」と「実務家の持論」の話が出たので、先にこれについて話そう。

この世には二つの理論がある。

一つは「フォーマルセオリー（formal theory：公式理論）」であり、科学者や研究者が、ある特殊な状況や実験環境をつくり出して取得したデータに、さまざまな統制を加えた上で結論やモデルを導き、その果てに構築する。

もう一つは、「フォークセオリー（folk theory：素朴理論）」で、実務家が自分の経験や見聞きしたものからつくる。こちらが金井さんの言う「持論」に当たる。

一般に、フォーマルセオリーはフォークセオリーに比べて価値の高いもの、信頼に足るものと見なされやすい。心理学者のエイドリアン・ファーナムは、フォーマルセオリーを多数の研究者による膨大な観察に裏打ちされた「強い理論」、フォークセオリーを正確さと信頼性に欠ける「弱い理論」と位置づけた。自分は真理を探究する立場にたっていると考えている科学者ならば、この分類に異議を唱えるものはいない。

しかし、さまざまな理論を知りつつそれを役立てること、つまりは実務家として自己のあり方や仕事のやり方を変えることに関心がある人にとっては、「強い理論」「弱い理論」といった分類はあまりリアリティがないかもしれない。フォーマルセオリーとフォークセオリーを突き合わせ、双方を補強したり、相対化したりしながら利用し、その都度その都度の判断を行っていけばいいことになる。「強い理論」であっても、「弱い理論」であっても、実務家にとっては、思考し、行動を決定するための「異なったタイプの認知的資源」なのである。

フォークセオリーが正確さと信頼性に欠けるのは、自分がかつて得た教訓がいつでもどこでも当てはまるかどうかわからないからであり、そうした部分はフォーマルセオリーで補完する必要がある。場合によっては、フォークセオリーそのものをアンラーンせざるをえないときもくるかもしれない。

一方、研究者によって裏打ちされたフォーマルセオリーも、つねに人々（folk）に開かれている必要があると私は考えている。とかくフォーマルセオリーは「浮世離れ」しやすく、抽象化がどんどん進み、モデルが複雑になり、やがて現場で通用し精緻化されていくにつれ、本当は、何が解決すべき問題だったのかがわからなくなることは、研究の世界ではよく起こることである。

大切なのは、フォーマルセオリーとフォークセオリーの間に、「良好な緊張関係」が存在することだ。どちらか片方だけに肩入れしてしまうと、二つの理論のうちの一つから学ぶ可能性が失われる。自らの知性が、フォーマルセオリーとフォークセオリー両方に開かれている必要がある。

たとえば、研究者と実務家が会って話すと、時にコンフリクトを起こすことがある。研究者は実務家を「この人は手足を動かしてばかりで、知識がない」と見下し、実務家は研究者のことを「こいつは頭でっかちで、現場を知らない。研究者の言うことなんて所詮は絵空事であり、空想だ」と決めつけてしまうような事態である。最悪の場合、両者の会話は非難の応酬に発展する。

こういう出会いは非生産的だし、「悲劇」でもある。研究者の知性は、フォークセオリーに開かれていない。また、同様に、実務家の知性は、フォーマルセオリーに開かれていない。ゆえに、そこには双方が学び合う関係がまったく見て取れない。

大切なことは、研究者と実務家が、相互のセオリーに開かれ、相互に学び合う関係を築けるかどうか、ということだと、私は思う。

経験主義は万能か●中原

優れたリフレクティブ・プラクティショナーになるためのカギへと、話を進めていこう。先ほども述べた通り、この問いに対する一つの答えは、デイヴィッド・コルブが概念化した「行為の後の内省」にある。（図10）

コルブの理論は一九八〇年代後半にビジネス界で注目を集めた。その考え方に依拠するならば、学習とは知識を受動的におぼえて応用することではなく、「自らの経験から独自の知見（マイセオリー）を紡ぎ出すこと」を意味する。

このような学習観に基づき、コルブが打ち立てたのが、「実践・経験・内省・概念化」という四つのステージからなる「経験学習モデル」だった。順に見ていこう。

実践のステージで、学習者は現場においてさまざまな状況に直面し、即興的な対応策を用いながら、これを乗り越えていく。

経験のステージでは、学習者は実践の中で、その後の活動に役立つようなエピソード的経験（成功体験や失敗体験）を積んでいく。

ただし、この時点で学習者は現場の状況に埋め込まれており、「自分にとって何が役立つ経験か」ということを抽出できていない。そこで実践体験を振り返り、その後の活動に役立ちそうなエピソードを抽出する内省のステージが必要となる。

さらに学習者は、抽出したエピソードについて検討を進め、その後の活動に役立つマイセオリーを概念化するステージに立つ。マイセオリーは普遍的理論でなくてもよく、学習者自らがこれを構築するところに意味がある。金井さんのおっしゃる持論づくりも、このステージにおいてなされる。

コルブの経験学習モデルでは、以上四つのプロセスで得られたマイセオリーが、新たな実践のステージで活用され、再び、経験・内省・概念化のサイクルが繰り返される。つまり学習とは終わりなきプロセスであり、四ステージのサイクルを継続すること自体が学習だと見なされる。そして、このサイクルを継続するという実践のスタイルを体得することこそ、

図10　経験学習モデル

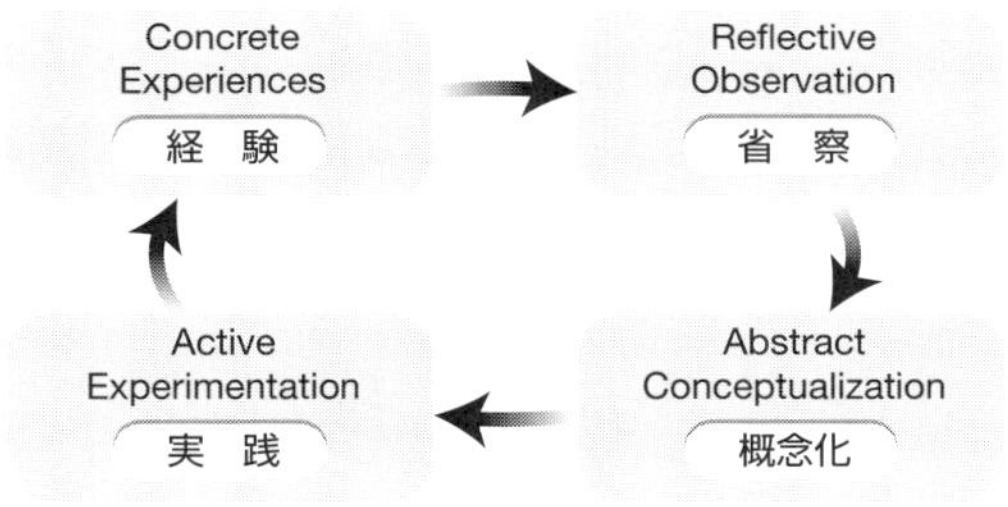

出所）Kolb, D.A. (1984) *Experiential Learning: Experience as the Source of Learning and Development,* Prentice Hall, Englewood Cliffs.より一部修正

「学び方を学ぶこと」に当たる。

だが――と、ここでいったん立ち止まりたい。

経験は実は一筋縄ではいかないものだ。経験学習の祖とも言うべきアメリカの哲学者・教育学者ジョン・デューイも、「真実の教育はすべて、経験を通して生じる」と述べる一方で、「何よりも重要なことは、もたれる経験の『質』にかかっている」とクギを刺している（『経験と教育』市村尚久訳、講談社学術文庫、二〇〇四年、原著は一九三八年）。

デューイは経験の質を考えるにあたって、「連続性の原理」と「相互作用の原理」の二つを挙げた。「連続性の原理」とは、経験は連続したものであり、いかなる経験もそれ自体で個別に起こるのではなく、引き続き起こる後の経験の質に影響を与えることをいう。「相互作用の原理」とは、経験は単に環境の中で起こるのでも、個人の内面だけで進行するのでもなく、個人と環境の相互作用によって起こるということだ。そして、そのような個人と環境のインタフェースにあるのが、まさに「反省的思考（リフレクション）」にほかならない。デューイは、リフレクションが確保されて初めて、経験の質を向上させることができると説いた。

だが、こうしたデューイの主張とは裏腹に、学校教育の現場では、経験主義の実践がかなり誤解された形で行われた。「経験か、知識か」という二分法が跳梁跋扈《ちょうりょうばっこ》し、体験や経験を過剰に重んじる一方で、内省の必要性を顧みない反知性主義の教育プログラムが数多く生まれることになった。デューイは、最も尊敬される研究者であったが、最も誤解され、それゆえ、最も批判された研究者の一人でもあった。

同じようなことは、このところ、人材育成の領域でも生じている。関係者の間ではしばしば、人が学ぶのは「研修室の学習で」がいいのか、それとも「現場の経験で」がいいのかといった二者択一の議論が交わされる。どうやら現在「優勢」なのは後者らしく、人材開発系の専門誌を見ると、「研修から経験へ」といったセンセーショナルな見出しが躍っていたりする。企業が自社の教育体系を「現場の経験」だけで組み立てようとし、教育を実現するための「現場」や「現場の上司」に過度に依存するモデルも目立つ。私はこうした風潮や論調に対しては慎重になった方がいいと思っている。

リーダーシップ研究の第一人者モーガン・マッコールは *The Lessons of Experience* の中で、「成人の能力開発の七〇％は現場での経験による」と述べている。もちろん私自身も経験は大事だと考えているし、「経験はいらない」などとは口が裂けても言えるはずがない。だが、大切なことは、「現場の経験」をしっかりとリフレクションする機会をもつこと、内省によって経験を知恵に結実させることだと思う。それらを現場で行うのが難しければ、研修室で行ってもかまわないのだ。「研修室か現場か」という二分法に惑わされてはいけない。

這い回る経験主義にならないために●中原

もしかして、私が「経験か、研修か」といった二項対立の議論に慎重な態度をとりたくなるのは、研究者としての自分の出自とも関係があるのかもしれない。

よく知られているように、日本の教育、とりわけ戦後の初等・中等教育は、「基礎基本教育：いわゆる知識獲得型の教育」と「応用学力教育：いわゆる経験重視の教育」の間を揺れ続けてきた。戦後まもなくは自由教育が尊ばれ、一九六〇年代になると、教育の現代化が叫ばれ基礎基本の徹底へと急激に傾斜した。その反動で、八〇年代からはゆとり教育とそれに続く総合学習の実施があって、二〇〇〇年頃から子どもたちの学力低下が叫ばれるようになると、またしても基礎基本の徹底と反復練習ブーム……というように。そして、今、教育の二極の間を揺れ続けていた振り子（Moving pendulum）は、行き場を失っているかのように、私には見える。（表5）

まるで振り子のように左右両極に揺れる教育界の落ち着きのなさ、座りの悪さに、私は辟《へき》易《えき》している。総合学習の源流とも言われるデューイその人でさえ、「伝統的教育か進歩主義的教育か」といった「あれかこれか」の議論はやめるべきだと厳しく戒めていたのに、こうした振り子の揺れは一向に止まることがない。

現在の企業内人材育成を取り巻く状況も、これに似ていないだろうか。いつの間にか「研修は時代遅れ、なんてったって経験が大事、経験万歳！」みたいな言説空間ができ上がり、これに乗っかるのがブームというふうになっていないだろうか。

教育の世界に「這《は》い回る経験主義」という言葉がある。体験や経験を重視する問題解決型の教育がブームになったときに、それに対して批判的な人たちから浴びせられた。

企業人材育成も同様で、内省なき経験学習は、必ず「這い回る経験主義」に陥る。研修に過度に依存したり、あまりにも無批判に研修を実施してきた過去を反省しつつ、経験と研修

表5　日本の学校教育の歴史

西暦	08年大卒入社社員	教育制度の変更点	教育方針
1910年~1930年		●大正新教育 ・子供の自発性、活動性を重視する教育改造運動	経験重視 ↓
1938年~1941年		●戦時統制下の教育 ・国家総動員法の制定 ・国民学校令	知識重視 ↓
1947年		●教育基本法 ・国がめざすべき教育理念の制定 ・学習指導要領の策定　・主体的な教育の実現	経験重視 ↓
1958年		●学習指導要領改訂 ・系統立った知識を体系的に習得することを重視	知識重視
1968年		●学習指導要領改訂（1971年から実施） ・教育が最も高度化し、詰め込まれた時代 ・小学校の算数に集合や関数	↓
1977年		●学習指導要領改訂:ゆとりと充実 ・調和のとれた人間形成をめざすべき ・授業時間数の削減 ・教科指導を行わない「ゆとり時間」を開始	経験重視
1985年	0歳		
1989年		●学習指導要領改訂（1992年から実施） ・学習内容、授業時間数の削減 ・小学校1、2年の理科、社会科廃止→生活科 ・新学力観:学習過程の重視	
1992年	小1	・9月から第2土曜日が休日に	
1998年	中1	●学習指導要領改訂（2002年から実施） ・学習内容、授業時間数の3割削減 ・完全学校週5日制の実施 ・「総合的な学習の時間」の新設 ・「絶対評価」の導入	
2002年	高2		↓
2004年	大1	●PISAショック ・日本の地位低下を心配する声が経済界から上がる	知識重視 ↓
2006年		●教育再生会議 ・ゆとり教育の見直し ・授業時間数の増加 ・総合的な学習の時間を削減	行き先を見失う …
2008年	入社		

出所）『Works』No.95. 2009年。中原の授業資料よりリクルートワークス研究所が作成

を組み合わせた「第三の道」を探るべきだと思う。

他者のおかげで内省が進む●中原

それでは、実際に経験から内省を生み出すための「仕掛け」について考えてみよう。ここまで内省の重要性を繰り返し語ってきたが、内省は意外に難しい。読者のみなさんも頭の中でちょっと実験してみてほしい。

「はい、あなた、ちょっと自分のことを内省してみて下さい」

いかがだろうか……。

あなたには一体何ができただろうか。たぶん「内省？　はて、何をすれば内省したことになるんだっけ」と茫然とするのが関の山ではなかったかと思われる。だからといって、がっかりしないでほしい。ひとりでいきなり内省するのは難しい。もちろん、自己のあり方や行動を自分ひとりで問い直す、いわゆる「自己内対話」も不可能ではないが、一般的に言って、内省が生じやすいのは、以下のようなときだと考えられる。

第一に、「語るべき他者」や「応答してくれる他者」がいるときだ。内省は、自己のあり方や行動を「誰か」を相手にして語るとき、自らの語りに対して「誰か」が応答してくれるときに促進されやすい。なぜなら、自己のあり方や行動について「誰か」に説明しなければならないとき、人は、日常的には無意識かつ暗黙のうちに行っている事柄を、メタ（高次）な視点で眺めることになる。

第二に――これは第一の条件に付随するもので、内省が「外化（externalization）」によって他者と共有されるときだ。

外化とは、自分が考えていることや感じていることを、何らかのものとしてアウトプットすることと考えていただければいい。たとえば、人が頭の中にもっているアイデアは目に見えないから、他者はそれをのぞき見ることはできないが、その人が自分のアイデアを他者にも諒解可能な形でアウトプットできれば、アイデアは他者にも共有可能となり、他者はそれに対してのコメントや問いかけができる。この「アウトプットする」というところが、外化に当たる。ちなみに、その逆は「内化（internalization）」と言い、こちらは知識を蓄積することを指す。

かつて私はある場所で、ミドル向けに「映画のエンドロールを書く」というワークショップを開き、外化による内省を参加者に試みてもらった。

御存じの通り、映画ではラストシーンが終わると、音楽とともにエンドロールが流れる。

キャストやスタッフの名前が順々に銀幕に映し出され、通常はおしまいの近くに監督の名前が出る。

このワークショップでは、参加者であるミドルマネジャーに、映画監督になったつもりで「自分が最も成長したと思えるプロジェクト」という内容の映画作品を思い浮かべてもらった。ただし、実際に映画をつくるのは難しいので、紙芝居をつくってもらい、終わりに、映画と同じようにエンドロールをつけてもらった。

ワークショップに参加するまでのミドルマネジャーたちは、プロジェクトが成功した理由は、自分の能力や立ち居振る舞いのおかげだと思っている。しかし、実際に紙芝居をつくり上げ、最後にエンドロールを書く段になって、はたと気づき、内省が始まる。そのプロジェクトにはどんなメンバーがかかわり、誰がいつどんな場面でどう貢献したか、マネジャーである自分が悩んだり困ったときに誰が支援してくれたか、といったことに考えが及び、プロジェクトがいかにさまざまな人々に支えられて完成したかを実感するようになる。

その後、参加者はグループになって、それぞれの紙芝居を鑑賞した。エンドロールが流れる頃になると、紙芝居をつくった人に対し、見ていた他の人たちからさまざまなコメントや質問が寄せられた。「なぜあのとき、ああいう判断をしたのか」「このプロジェクトから何を教訓として学んだのか」などの問いかけや、他者からの吟味、コメントは、本人のさらに深い内省を促進する。外化によって、参加者相互の学び合いが可能となる。

レゴを使って内省を促す●中原

もう一つ、例を挙げよう。外化による内省を実現するオブジェクトとして、最近、私はレゴブロックを頻繁に用いている。（二四九ページの写真）

もともとレゴブロックは、MITのシーモア・パパートが提唱したコンストラクショニズム理論（オブジェクトやアイデアを自ら設計することによってよりよく学ぶことができるとする学習理論）に由来する玩具で、大人が外化を行うための認知的道具としても利用できる。

先日は、あるIT機器メーカーで、レゴブロックを使ったワークショップを開催し、約二〇〇人のマネジャーに参加してもらった。そのときのテーマは「自分の職場における部下育成にまつわる出来事を、レゴブロックを用いて表現してみて下さい」であった。

最初はいぶかしげだった参加者だったが、やがて趣旨を理解すると、それぞれ自分の職場を表現し始めた。五分たったところで、参加者には「レゴでつくったオブジェ＝出来事」にまつわるストーリーを話し合ってもらい、さらにそれぞれのストーリーの中にどんな共通点があるかを話し合ってもらった。参加者からは、「作品をつくっているうちに、ふだん考えたことのない自分の職場の様子がわかってきた」とか、「さまざまな人から作品についてのコメントをもらうことで、自分の部下育成スタイルについての気づきが得られた」などの感想が聞かれた。

このようにレゴブロックは、ワークショップの参加者が内省を行い、コミュニケーションを通じて学ぶための道具になりうる。「突然考えろと言われても……」「突然話せと言われても……」となりがちな課題でも、レゴで作品をつくるとなれば、具体的に考えやすいし、作品という形が目の前にあれば、具体的に話しやすくなる。

主観的って悪いこと?●中原

さて、もうひと言だけ添えて、金井さんに譲ろう。

個人が経験をくぐり、内省をへてつくった持論を有効に活用するためには、企業の側にも乗り越えなくてはならない壁があると私は思っている。

企業関係者と話していて、しばしば気になる言葉の一つに、「主観的」がある。「主観的な意見になってしまうのですが……」と言い訳っぽく使われたり、「それは君の主観だよね」

ラーニングバーで行った
自分の仕事経験を振り返
るワークショップ

と批判の決めゼリフのように使われたりする。

アカデミクスの世界の住人である私にとっては、企業の人が使う「主観・客観」の分け方が、しっくりこない。企業の人が「客観的に見まして……」と切り出すのを聞いて、内心「いや、それって、めちゃくちゃ主観的ですよ」とツッコミたくなる場面もないわけではない。ポストの高い人が言うことは、根拠やデータがそろっていなくても「客観的」とされ、逆にポストの低い人が言うことは、根拠やデータがそろっていても「主観的」とされるのではないかと勘繰りたくもなる。

ともあれ、ビジネスの世界で使われる「主観的」という言葉のニュアンスはどうもあまりよくない。誰かが発した意見や考え方や分析に「主観的」というレッテルが貼られた瞬間、それはもはや聞くに値しないものと決めつけられているかのようだ。

企業の中で「個人」を出すのは、それぐらい難しいのだろうか。しかし、企業が、一方で「個」に自律性を求めていながら、それに応じた人に「主観的」という負のラベルを付けて遇しているのだとしたら、論理矛盾も甚だしい。もっとも、ポストの高い人は、ときに堂々と「主観」を押し出したりもするから、「主観的」であることの許容範囲は、ポストの上昇によって広がっていくのかもしれない。

話を戻すと、持論も、もともと多分に「主観的」なものだ。経験やそこから引きだした持論を語るのは、自分を語ることに近い。人によっては、「持論を語れ」と言われても、「主観的なことを言ってはいけないのではないか」とちゅうちょするだろう。

実は、会社の中には例外的に「主観的」でいられる場所がある。数少ないその一つが喫煙ルームだ。私は大学院にいた頃の一時期、ある会社が主導する研究プロジェクトに参加するため、その会社に詰めて研究をしていたことがある。当時は煙草を吸っていたので、ちょくちょく喫煙ルームをのぞくと、そこはもう、持論の嵐が吹き、「主観」が渦巻く場所だった。仕事の進め方や、上司・同僚・部下との協力の仕方などについて誰もが一人称でおおっぴらに語っていた。

考えてみると、喫煙ルームは、喫煙者が自分の席からちょっぴり離れて、それぞれの所属とは関係なく、喫煙者同士で話し合える場所、あまりフォーマルではない場所だ。だからこそ、みんなわりあい臆することなく、持論や「主観」を語れるのだろうと思う。

では、他にそういう場所はあるだろうか。読者のみなさんは、自分の勤める会社の中に、おおっぴらに持論や「主観」を語れる場所があるかどうかをぜひ考えてみてほしい。

組織が、個人の経験や持論を通じて人材を育成しようとするならば、個人に対しては「主観的であれ」と言うべきであり、個人が「主観的」でいられる環境が組織内に日常的に整えられていなくてはならない。「主観的」でいられる場所が、オフィスの片隅に設置された「喫煙ルーム」しかない、というのはやや残念な気もする。「主観的」というレッテルを貼ったままでは、個人の経験はなかなか生かされない。組織内で個人が「主観的」でいられることに合意がなくてはならない。

人が変化するように迫られたときに感じる心理的な安心感の程度を、組織学習研究では「心理的安全」という概念で言いあらわす。心理的安全が低いとき、人は変化するのをためらう。攻撃されるのではないかと恐怖に脅えている状況では挑戦しようとしない。だから、企業が、働く人々に経験を通じて変わってほしい、成長してほしいと望むのであれば、社員一人ひとりが高い心理的安全を感じながら「主観」を語れる場所が確保されていなくてはならない。もしかすると、研修を実施する本質的な意義は、そういう場所を確保することにあるのかもしれない。

オフ・ザ・ジョブで内省する○金井

中原さんが「成人の能力開発の七〇％は現場での経験による」という説に言及したが、まさしくその通りだ。

　リーダーシップの実践的な研究・研修に熱心なアメリカのロミンガー社が、企業の経営幹部を対象に、リーダーシップが発揮できるようになる上で有益だったのは何かを尋ねたところ、七割が「仕事上の経験」、二割が上司や顧客・取引先の経営者との関係を通じた「薫陶」であり、「研修やセミナー」が占める割合はせいぜい一割しかなかった。経験を記述するデータは定性的なので、もちろん七〇％、二〇％、一〇％という数字は大まかなガイドラインぐらいに捉えるのがいいだろう。インパクトの大中小でいうと、経験が大、関係もしくは薫陶が中、研修が小という具合に。

　リーダー育成に熱心なアメリカ企業ならどこでも、この大まかには「7・2・1」の経験則を重視しており、リーダー育成を研修ばかりに頼るというよりは、幹部候補にどのような経験を、誰の下で積ませるかといったことが意識されている。アメリカだからお手本にすべきだと言いたいわけではなくて、できる限り経験を理論化しようとしてきたプラグマティズムのかの国で、「経験が七割」という数字が挙がっていることに注目したい。

　これに対し、「リーダーシップが二週間で身につく」などとうたう〃神隠し修行〃みたいな研修プログラムもあったりする。べつに営業妨害をするつもりはないけれども、リーダーシップはそんな研修で身につくほど薄っぺらなものではない。

しかし、だからといって、私も「研修は役に立たない。経験がすべてだ」と主張するつもりは毛頭ない。「大人は経験から学ぶのだ」と聞いて、「ハイ、わかりました」でおしまいだったら、結局何も経験しなかったのと同じになる。膨大な数の経営幹部とマネジャーから経験のストーリーを聞いてきた私に言わせてもらうと、日本では薫陶や関係、つまり他の人から学ぶことのウェイトがもっと高いと思っている。二割よりもっと大きいだろう。

経験は現場でしか踏めないが、できる上司や先輩がときおりちらりと見せてくれる姿勢、言語的ヒント、価値観、目立たぬ支援などから、人は薫陶を受ける。経験や薫陶から内省しなければ、持論は引き出せない。そして、自分がくぐった経験が自分にもたらしたことの意味を内省するには、やはりオフ・ザ・ジョブの研修の場の方がふさわしい。そこでは、だれかとのダイアローグから学ぶ、つまり薫陶のウェイトがおそらくもっと重く、それは中原さんが前著でタイトルにしたキーワードでもある。

中原さんは、企業人が「主観的」に語る難しさに言及したが、私が企業に行ってマネジャー層のリーダーシップ研修などをするときは、受講者に「一皮むけた経験」を語ってもらったり書いてもらったりすることの意義を、あらかじめかなり意識的に説明する。「語れない」

「書けない」と言う人がまず出てこないのは、経験は持論の宝庫であること、だからこそ、経験の言語化が乏しくてはいけないということを、私が濃厚な前置きとして語り、そういう研修のスタイルなのだと理解してもらえている結果かもしれない。

また、受講者それぞれの「一皮むけた経験」からグループ討議での対話をへて持論づくりを進めていけば、自己陶酔的な持論はかなり修正される。逆に相当エッジの利いた持論が出てきて、それがみんなに新たな方向性を指し示すこともある。もちろん私たちも受講者の持論を先人の持論などと照らし合わせつつ、過度の一般化が進まないように議論をサポートする。そのことによって、「歴史から学ぶ賢者」に近い形で経験の連鎖を共有してもらおうと心がけている。

聞き出し方も大事で、私たちが直接インタビューする場合には、いきなり持論に迫るのではなく、実際に起こった出来事の内容に耳を傾ける。いつ、何歳のとき、自分はどんな肩書きで、上司はどういう人で、何人のグループで、どんな商品を扱っていて、お客さんは誰でといった出来事の中身をできるだけ具体的に聞き出し、それから出来事に対する認識、そのときの感情やもののとらえ方、そして最後に持論というふうに丹念にインタビューを進める。なぜなら通りいっぺんのやりとりでは、上辺だけの原理原則や、きれいごとに近い「べき論」しか聞き出せなかったりするからだ。その類のものをドナルド・A・ショーンは「エスパウズド（建前の）セオリー（espoused theory）」と呼び、本音の持論に当たるセオリー・イン・ユースと区別している。

一人ひとりにとっての経験はそれぞれユニークだから、機械論的には扱いづらいし、逆に言えば、会社側が個々の社員に対してシステマティックに経験をくぐらせるのは難しい。

しかし、たとえば登山をするときに頂上への登攀《とうはん》ルートがいくつかに限定されるように、会社の方で良質な経験を多少なりとも系統立てて、社員にくぐらせることができれば、人材育成の上で有意義だろうと思う。その場合は、人事部あたりが、自社に蓄積された経験をいくつかのモデルケースにまとめ、人事異動に人材育成の目的が込めてあることをしっかり社員にも伝える必要がある。

経験の振り返りは、マネジャーに部下育成の経験を振り返ってもらう上でも大いに役立つ。あるメーカーで、全ラインマネジャーを対象とした長期間の研修が行われたとき、講師に招かれた私は、受講者に「私の手の下で育った右腕」と題するレポートを提出してもらった。例によってフォーマットはこちらでしっかり定め、いつ、どんな場面で、どういうことを部下にやってもらったら、どんなふうに育ち、その際、自分はどう支援したかを書いてくれるように頼んだ。

　すると、育成実績のあるマネジャーほど、「育てた」という言葉を使いたがらなかった。「右腕」という言葉でさえ、「なんだか人を道具みたいに扱うようでいやだ」と言って使うのをためらう人がいた。育成実績のあるマネジャーは、「自分が右腕を育てた」のではなく「自分の下ですばらしい若手が（どちらかというと勝手に）育った」と認識しているのだ。そのこと自体、私はすばらしいと思ったし、そういう経験をグループ討議でさらに深く議論し合ってもらうと、自社の育成の仕組みや組織風土にまで話が広がっていった。

一人で内省するときのために○金井

「内省してみて下さい」という中原さんが読者に対して行った問いかけについても考えてみよう。

　たとえば「私を愛せ」と言う人がいたとして、言われた方はすんなり「愛する」ことができるだろうか。エルビス・プレスリーが歌ったように「Love me tender」と言われれば、多少は愛しやすいかもしれないが、普通に考えて「愛せ」という命令形は成り立たない。ザ・シュープリームスにいた頃のダイアナ・ロスの歌に「I'm gonna make you love me」という言葉があるが、あなたが私を愛するようにしてしまうだろうというのは言葉のあやで、愛は強制や命令になじまない。もっとわかりやすい例として、心理療法士にして哲学者のポール・ワツラウィックの名言をもち出すと、「自発的にやれ（Be spontaneous）」は命令形としては完全に矛盾する。「自発的に勉強しなさい」と先生や母親に言われた子どもが、言われた通りに勉強したら、「自発的に」という命令に反していることになる。

「内省する」という行為も、「愛する」や「自発的にやる」と同じように内発性をもともと内包している。命令形が似合わないのはそのためで、人が内省するためには、その人なりの方法が必要だろうし、人に内省してもらうためには、そう仕向ける特別な働きかけが必要となる。

中原さんが、映画のエンドロールをつくるという内省の仕掛けについて述べたので、それにちなんで、ちょっと脱線すると、シカゴ学派の社会学者ハワード・ベッカーは『芸術世界（*Art Worlds*）』（邦訳なし）の中で、芸術とは芸術家がつくり出すものではなく、みんなでつくり出すものだという見方を展開している。

たとえば、マルセル・デュシャンが男性用小便器をひっくり返し、サインをして、「ファウンテン（泉）」と名づける。すると、その作品を面白いと評論家が書きたて、それが次第に話題となって、そのうち学芸員が興味をもち始め、アートディーラーの中にそれを買いたいという人が出てきて、作品は美術館に展示され、それを見に来た人たちの中には、きょとんとする人もいるが、徐々に、なるほどこれは芸術だとうなずく人も出てきて、とうとう便器や、その他ではモナリザの複製画にひげを描き込んで「デュシャン」とサインしたものまでが、前衛芸術と認められていく。要するに、芸術でさえ、芸術家が一人でつくっているようにみえて、みんなでつくっているものだとベッカーは考えた。

だとしたら、もともとチームで動いて成し遂げる仕事はどうだろうか。マネジャーが一人で成し遂げたと本当に言い切れるプロジェクトは存在するだろうか。この問いは、プレイングマネジャーが自分のプロジェクトを内省する上でのきっかけとなるかもしれない。

中原さんからは、内省を促すワークショップについての話があったので、私の方からは、個人で内省する方法について、思いつくままに列挙しておこう。

日本を代表する企業経営者に「お忙しいので、考える暇がないでしょう」とお聞きすると、「毎朝、早起きして散歩している間に、結構真剣に考えていますよ」とおっしゃる方がいる。伊藤忠商事の丹羽宇一郎会長もそんな一人で、散歩の時間を内省に充《あ》てておられる。散歩中に近くを走る自動車には注意が必要だが、散歩という身近な習慣を通じても、思考をめぐらしたり、より深く内省することはできる。

民族音楽やドアーズの長い曲など、ヒプノティック（催眠的）なリズムやメロディが繰り返される音楽を聴くのも、本当に催眠状態になってはまずいけれども、考え事や内省には適している。書籍を読むときには、しばしば本を脇に置いて、そこに書いてあることが自分とどうかかわるのかを内省するひとときをもつといい。ワインも、飲みすぎる手前なら内省のお供になる。呼吸法を学ぶのもいい。「内省＝考えること」だから、身体を動かさない方がいいと思い込んでいる人もいるみたいだが、その人なりの運動、散歩以外ではたとえば筋トレなどの日課も内省タイムには向いている。

自分の顔を鏡に映し出すのも内省のよい方法になりうる。思春期の子どもがよく鏡を見るのは、ただおしゃれが気になるからではなく、自分とは何かが気になる年頃だからでもある。だったら、エイブラハム・リンカーン（第一六代アメリカ大統領）の言葉「男は四〇歳になったら、自分の顔に責任をもたなくてはいけない」（彼が本当に言ったかどうかは定かでないのだが）にならって、男性も女性も、人生の真ん中を超える年齢あたりになったら、自分の顔や姿が映る場で自分を振り返るという手もありえる。たとえば、歩道にせり出したカフェでお茶を飲みながら、向かいのショーウィンドーに映っている自分の姿を見つつ、内省してみてはどうだろうか。ちなみにリフレクションには「映し出す」という意味もある。リフレクションは「反省」と訳されたりもするが、それだと後ろ向きなイメージが強くなってしまうので、やはり内省か省察と訳す方がいいと私は思う。昔の広告コピーをもち出せば、「反省だけならサルでもできる」のだし、リフレクションをあまり暗くとらえてはほしくない。今までの人生が自分に対してどう開いてきたか、自分は節目に何に気づき、どう成長・発達してきたか、今後はどう進むのか、そういったことを振り返り、将来への展望を構想するのは、大人として素敵なことだと思う。

持論と棄論はセットである●中原

金井さんからは、持論のもつパワフルな力についてお話があった。しかし持論は諸刃《もろは》の剣(double edged sword)でもある。豊饒《ほうじょう》さを有する一方で、危険性をも有している。

貴重な経験を積み、十分な振り返りをへてせっかくつくり上げた持論でも、それが絶対化し、安定化し、変わらぬものになったとき、あるいは、いつでも、どんな人にも、どんな状況にも適用されると思い込んでしまったとき、それは「危険な持論」に変貌する。行動にあたって原理原則をもつのは悪いことではないが、特定の原理原則に執着する人をリフレクテイブだとは言わない。

持論は、つねに環境の変化に対して開かれていなければならない。時間がたてば、持論は、いつか必ず新たな現実との間に葛藤を起こす。だから、持論は環境変化に応じて、繰り返しつくり上げられ、また壊される必要がある。その意味では、持論は完成されることはけっしてない。

もしかすると、「論を持つ」と書くから誤解を招きやすいのかもしれない。持論は本質的に揺らぎの中に存在するものであり、いつかはアンラーンされなければならない論、「棄論」でもある。大人の学びがときに痛みをともなうのもそのためだが、「学びほぐし」のない持論は、ややもすれば「陳腐な格言」「オヤジの説教」と化す。

とくに、他者に開かれていなくて反証可能性のない持論は危険であり、「適応が適応力を阻害する（adaptation precludes adaptability）」と喝破したカール・ワイク（ミシガン大学）風に言えば、「持論が持論づくりを阻害する」。組織に蓄えられる知も同様だ。組織学習研究者ボー・ヘドバーグがいち早く論じたように、組織内で制度化され、ルーチンとして蓄積された知も、時代にそって少しずつ更新され、通用しなくなったものは棄却される必要がある。

安定とは不安定のこと。不安定とは安定のこと。そう言うと、またもや禅問答みたいになってしまうが、これは一つの真理ではないかと思う。

ベータ版を改訂する○金井

「持論は棄論でなくてはならない」という中原さんの意見はもっともだ。プラス、「持論（適応）が持論づくりと改訂（適応力）を阻害する（Solid theory-in-use precludes flexible theory-building.）」というのは、まさに至言だ。私も、働く人たちに持論をつくってもらう際にはルールを設けている。それは、必ず改訂しなければならないということだ。

持論の「ベータ版」は、素朴なセルフセオリーでも、主観に任せた「試論」でもかまわない。今の自分・今の職場の課題・今の会社の状態に合っていることの方がむしろ大事で、パーソナル（属人的）で、ローカル（局地的）で、タイムリー（そのときのフェーズに合った）な内容の方がしっくりくるし、実践的であり、周囲の人や部下に公言したときにも共感を得やすい（例示は、前掲の『リーダーシップ入門』を参照されたい）。

ただし、私が持論をつくって下さいと言うときは、「ただし、学習は必ず続けて下さい」ともお願いするようにしている。「一皮むけた経験」を二回、三回とくぐっていくためにも、持論は書き換えられなくてはならない。また、同時に、自信の持論をもっても、もっと大きなとてつもない経験をしたら、その持論の一部がもうほころびているので改訂しようという気持ちが大事。それが改訂する力、つまり適応力であり二重ループ学習だ。そして、会社の中で多くの人が自らの経験に基づいて書いた持論が、改訂を重ねられつつ社内に蓄積され、その中から全社的に生かされる持論が抽出されれば、その会社特有の持論の集大成ができ上がる。持論アプローチの意義はそこにある。

そう念押しした上で、研究を続ける中でわかってきたことを言うと、「一皮むけた経験」やそこから挙がってくる持論には、おおまかな共通性がある。代表例は「途中で逃げなかった」「ぶれなかった」「最後までやり抜いた」などのタイプで、受講者の人たちがビジネス書などで勉強しているせいもあるかもしれないが、エッセンスは外国の著名な実践家の持論にも通じるところがある。

よく知られているように、GE（ゼネラル・エレクトリック）のジャック・ウェルチは、Eから始まる四本柱のリーダーシップ持論に「Execute（エクスキュート：とことんやる）」を盛り込んだ（他はEnergy、Energize、Edge）。ペプシコで食品事業部門を任されていたロジャー・エンリコ（後にCEO）は、五カ条のリーダーシップ持論に「Make it happen

（実現してみせるぞ！）」を入れている。「Never give in, never, never, never（けっして屈するな、けっして、けっして、けっして）」と呼びかけたのは、第二次世界大戦中のイギリス首相ウィンストン・チャーチルだった。

研究者たちの間でも、経験の重要性が語られる際には、しばしば過酷な経験に目を向ける。リーダーシップ論の大家ウォレン・ベニスは「クルーシブル（crucible：逆境）」に注目しているし、アメリカの研究機関ＣＣＬ（Center for Creative Leadership）も、「ハードシップ（hardship：修羅場）」に焦点を合わせた研究を行っている。

生涯発達の心理学においても、世代継承性とリーダーシップを結びつけて考えようとする動きの中で、ノースウェスタン大学のダン・マッカダムズが、社会に大きなものを残す人の人生には、苦境をポジティブに転じる「リデンプション（redemption）」の瞬間が見られると主張している。リデンプションは、辞書では普通「あがない」などと訳されるが、落ち込んだ後に大きく挽回するという意味で、「超挽回」と言う方がわかりやすいかもしれない。

いずれの研究でも、強調されているのは、苦境をへて身につく発想、思いやり、勇気、そして恐れが、その人を磨くということ、ことわざで言うなら「艱難《かんなん》汝を玉にす」という点だ。

人は修羅場でしか学べないのか●中原

金井さんは「一皮むけた経験」に見られる共通例としてハードシップ（修羅場）を挙げた。私は、ハードシップや痛みが大人の学習には必要だとは承知しつつ、つい違う見方もしてしまう。修羅場が人を成長させるのは間違いないとしても、果たして人は修羅場だけからしか学べないのだろうかと思ってしまう。

右肩上がりの成長が見込めた時代なら、人はハードシップで鍛えられながらも、喜びを感じやすかっただろう。新規事業の立ち上げや海外拠点の確立といった華々しい修羅場でもまれながらも、自らの成長が会社の拡大発展にも必ずや寄与すると確信しやすかったに違いない。

しかし今後はどうだろう。私と同世代である現在の若手・中堅たちや、これから大不況の中で働く場所を見つけなくてはならないもっと若い人たちに、「修羅場を経験しろ」とはっぱをかけるだけで、彼ら彼女らはそれに挑戦しようとするだろうか。

考えてみると、私たちの世代はつねに「終わりのない修羅場」に置かれていた。きっと、これからもそうだろう。

付け加えて言えば、私たちの世代がリアルに感じる「修羅場」と、右肩上がりの時代の

「修羅場」は同じではない。私たちにとっては日常が修羅場であり、修羅場こそ日常なのだ。一つの修羅場が過ぎれば、また次の修羅場がたぶんある。私たちは、そんな世界に生きている。中には、見えないゴールに向かって走りながら、本音ではハードシップはもうごめんだと思っている人もいるに違いない。そんな人たちに、「修羅場で変われ」と語りかけるのは、ときに酷ではないだろうか。

そんな「日常としての修羅場」を抜け出し、成長を遂げる可能性を、私は「越境すること による学習」に見出せるのではないかと思っている。私たちが成長しつづけることのできる可能性は、「日常としての修羅場」を抱えつつ、時に「越境すること」にあるのではないだろうか。この章の前半でちらりとふれた「社外での学習」もそこにかかわってくる。詳しくは第５章で述べたい。

修羅場が育むしなやかさ○金井

私は「修羅場は買ってでもくぐろう」とつい言ってしまうが、中原さんが指摘する通り、成長や学びにつながる良質な経験がいつも苦しいものばかりだとたしかにつらい。

ポイントは、厳しい経験をくぐっている最中にも、それをやる意味、成功した暁に会社や社会にもたらしうる価値、自分にとってのやりがいが感じられるかどうかであり、課題の中に打ち込める要素があったり、そこから心理学者ミハイ・チクセントミハイが言う「フロー」――取り組んでいる仕事の内容そのものに楽しみを見出し、無我夢中で没頭する状態――が得られれば、修羅場からも楽しみを見出しうる。

学習棄却や中原さんの言葉では、「学びほぐし」や棄論のプロセスまでを含めても同様で、今まで通用してきたやり方が通用しなくなるのはつらいし、慣れたやり方を捨て去る際には痛みをともなう。だが、何かが達成できたときの誇りや、その繰り返しによって熟達していく喜び、成長の実感、やや大げさかもしれないが、エイブラハム・H・マズローが唱えた「自己実現」や、カール・グスタフ・ユングが説いた「個性化」に近いような感覚が、そうしたつらさや痛みを上回れば理想的だろう。

大変な仕事をされている人から、それに類する話をお聞きすることもある。アウトドアスポーツ用品メーカー、モンベルの創業者で、自らもアルピニストにして冒険家の辰野勇さんは、「経営者の仕事は大変でしょう」という問いに、「六〇〇〇メートルを超える山で気温マイナス二〇度の所を登っているときよりも、はるかに楽です」とおっしゃり、なおかつ「その登山を私は楽しみでやっているわけですから」と述べられた。

修羅場からの贈り物は、内省と持論形成の機会だけではない。苦境に耐え、それを乗り越えるためには、しなやかさや弾力性、先ほど私が「あがない」とか「超挽回」と呼んだリデンプションのための力が必要となる。だから修羅場をくぐった後は、さらにしなやかさや弾力性が増し、抵抗力も強まり、次にまた同じくらい厳しい場面に出会っても、今度はその経験を楽しみやすくなる。

フローに関しては、提唱者のチクセントミハイも、課題の困難度と熟達の度合いのマッチングが楽しみや没頭のもとだと主張している。難しすぎる経験だと不安になるが、簡単すぎると退屈してしまい、それを楽しんだり、没頭したりはできない。

第3章　働く大人の学び——導管から対話へ

大人は学びの終着駅か●中原

ここからは、職場において、いかに「仕事」を「学びのきっかけに満ちた仕事」にするか、人は仕事をしながら、いかにして学び成長し続けることができるのか、そして職場の学びにおけるマネジャーの役割は何かといったことを議論していきたい。

重要なことは、「仕事」と「学び」を分けて考えないことだ。私たちが追求すべきは、「ワーク」だけでも「ラーニング」だけでもなく、「ラーニングフル・ワーク」である。一応断っておくと、「learningful work」は私の勝手な造語で、辞書には載っていない。

最初に、「大人とは、学び終えた存在なのか」ということについて話をする。

私は二〇代の後半にMITに留学した。その際、アメリカ人を相手に自己紹介する必要に迫られ、それまでの研究活動をわかってもらうため、『社会人大学院へ行こう』(日本放送出版協会、二〇〇三年)という共著について話そうとした。

ところが「社会人」を英訳するにあたって、ふと困った。適当な単語が思い浮かばなかったのだ。「アダルト」と訳すと、別の意味になってしまいそうだし、「プラクティショナー」もちょっと違う。苦しまぎれに「working person」みたいな説明を長々としなくてはならなかった。アメリカ人たちには「それってワーキング・プロフェッショナルのこと?」と聞かれたが、そう言われても、こちらにはまだ違和感が残った。

外国語と日本語の間を行ったり来たりしていると、これに似たことはたまに起きる。今でもよくおぼえているのは、私が大学の学部三年生のとき、苅谷剛彦教授（現オックスフォード大学）の教育社会学の授業でのことだった。「能力に基づく差別って、英語にしてごらん」と突然指名された私は、「"discrimination based on one's ability"でしょうか」と答えた。すると教授は「君さ、これ訳しにくかっただろ」とおっしゃった。

苅谷教授はかつてアメリカ留学中に、「能力に基づく差別」と英語で言って、ネイティブに「なんだ、それは?」といぶかしがられたことがあったのだという。それは英訳が不正確だったからではなく、英語圏の人たちにとっては、能力によって処遇に差がつくのは当たり前だからだ。日本人の私たちにしてみれば、当たり前だと言われると少し引っかかるところがあるけれども、英語圏の人にとってはそれは差別に当たらない。だから英語には「能力に基づく差別」という概念そのものがない。

同様に、「社会人」も日本語にはあって、英語にない概念だ。通常、私たちが「社会人」と言うときは、「学校教育を修了して働くようになった人」を指す。つまり「社会人」は

「学び終えた人たち」と見なされている。だからこそ、その人たちが通う専門の大学院を「社会人大学院」と呼ぶ。

しかし、少なくともアメリカには、「学ぶのを終えた働く人」を意味する英単語は存在しない。「社会人大学院」という言い方もしない。なぜなら働く大人が学ぶこと、ときに学び直すことは当たり前であって、わざわざ「社会人」を頭に付けなくても大学院はそういう場所だからだ。

事実、私がＭＩＴで授業に出てみると、周りは年上の人たちばかりだった。三〇代はゴロゴロいて、四〇代も珍しくなく、二〇代後半の私は完全に「ベイビーちゃん扱い」だった。

これも留学中のあるときのこと、知り合いで三〇歳すぎの日本人がアメリカ人と話していて、「僕は本当は法律を勉強したかったんだけど、この年じゃあ、もう遅いんだよなあ」と打ち明けた。すると、そのアメリカ人は「〝もうできない〟じゃなくて、〝まだやれる〟じゃないの？」と怪訝《けげん》そうな顔をしていた。日本人の感覚だと、それまでの仕事をやめてロースクールに行くとなると、よほどの覚悟が必要とされる。しかしアメリカ人はそうは考えない。学びたければ、いつからでも学ぶ。

「いくつになってもチャレンジできる。いくつになっても遅くはない」。これは、私がアメリカ留学を通じて学んだことの一つである。「大人の学び」を解明したいと願いつつ、このことが、今でも研究活動の支えとなっている。

もちろん、両国の事情の違いは考慮すべきだろう。アメリカでは、たとえば学校教員の場合だと、資格と給与の連動性があって、ある時期に達した教師は資格を取るために大学院や社会教育施設で学ぶ。仕事を続けながら学ぶ人もいるし、仕事をいったんやめて学ぶ人もいる。ただし、それは制度上そうなっているからで、学ばなければ給与が上がらない。

また、アメリカの学校は日本と違って、教師が校内研修で授業研究（lesson study）をするという慣習もあまりない。それゆえ、学ぶ場は所属組織の外部にしかなく、学ぶためには外に出ていかざるをえない。

しかし、そういった事情の違いはあるにせよ、「大人はもう学べない」と頭から決めつけがちな日本人の感覚と、「大人はまだまだ学べる」と語るアメリカ人の感覚の隔たりはかなり大きい。そうした両国民の感覚の違いが、「社会人」という概念の有無に象徴的に表れている。

前章で金井さんが紹介したキャロル・S・ドゥエックは、教育心理学の教科書に必ず出てくる「固定的知能観」と「拡張的知能観」の研究で知られる。その主張を簡単にまとめるとこうなる。

固定的知能観の持ち主は、人間の能力は固定的であり、変わらないと信じている。努力を無駄と見なし、他者からの評価ばかりを気にして、新しいことを学ぼうとしない。

拡張的知能観の持ち主は、自分の能力は拡張的であり、変わりうると信じている。能力は努力次第で伸ばすことができると思っていて、たとえ難しい課題であっても学ぼうと挑戦する。

ドゥエックは、子どもの研究からこれら二タイプを割り出した。一般向けの著書『「やればできる！」の研究』（今西康子訳、草思社、二〇〇八年）では、「マインドセット（心のあり方）」という概念を用いて、それが固定的であるか拡張的であるかによって、その人の学習のあり方、人生のあり方が決まると説明している。

私は企業人材育成の研究に着手し始めて間もない頃、取材と称してはしょっちゅう企業を訪ね、現場のマネジャーの人たちに話を聞かせてもらった。そのとき真っ先に思ったのは、どうもマネジャーというポジションには二種類の人がいるらしいということだった。マネジャーは「プロセス」であり、まだ自分の能力は伸びると思っている人たちと、マネジャーは「プロダクト」もしくは「ゴール」であって、これ以上自分の能力は伸びないと思っている人たちだ。

この二分類は、マネジャーを「働く大人全般」に置き換え、さらにドゥエックの説明にならって対比しても成り立つのではないかと思う。拡張的なマインドセットをもつ人は「大人は学びの終着駅ではない」と考え、固定的なマインドセットをもつ人は「大人は学びの終着駅だ」と考える、ということだ。

ドゥエックの前掲書には、社会学者ベンジャミン・バーバーのこんな言葉が引用されている。

「私は人間を弱者と強者、成功者と失敗者とには分けない。学ぼうとする人としない人とに分ける」

ドゥエック自身は巻頭でこう語る。「私の研究テーマは、人間の信念の力を証明するという、心理学の伝統的テーマのひとつである。人間の信念は、本人が意識しているとしないとにかかわらず、その人がどんなことを望むか、そしてその望みがかなうかどうかに大きく影響する」

だが、そうなると、読者の中には疑問を抱く人がいるかもしれない。一度、構築されたマインドセットは変えられるのだろうかと。

実を言うと、これはかなりの難問だ。ドゥエックは、マインドセットは家庭や学校で親や教師との相互作用を通じてつくられると語ってきた。そうである以上、いったんできてしまったマインドセットを変えるのは難しいというのが彼女の説明だった。

ワークショップ研究・実践の第一人者である上田信行・同志社女子大学教授も、「マインドセットを変えるなどということは、教育ではできない」と言う。「できるのは、マインドセットを変えたいと願う人たちの『場』をつくることぐらいではないか」とも。

私の考え方も上田教授に近い。マインドセットを変えるのは容易ではなく、前章で議論した「学びほぐし」と同様、痛みをともなうプロセスでもある。けれども、マインドセットを自ら変えたいと願う人が、変わるきっかけをつかむための「場」や「他者との関係」をつくることはできるだろう。「あがりのマネジャー」や「学びの終着駅に着いた大人」にならないためには、そのような「場」や「他者との関係」をもつことが大切だと思う。

人の発達は一生続く○金井

私の持論アプローチの「持論」という考えの支えのひとつがキャロル・ドゥウェックの「自論（セルフセオリー）」だった。マインドセットと名付けられた新著では、才能にすべてを帰属する人と、努力と学習で人はつねに成長すると発想できる人をうまく対比している。同じ人に両面あることを説明しながらも、テニスの世界ならマッケンローは変われない固いマインドセットだったとも言っている。いったい、いくつになっても学ぶのをやめないというのは、どういうことなのだろうか。そういう明るい問いこそ大切にしたい。人の成長、発達が学校にいる間だけなら大ごとだ。人は学校を出てからも、仕事を教材に、協働を教材に、経験から持論を磨きつつ学習できる。

だから中原さんが教育学の領域で「働く大人の学びと成長」を研究しているのは画期的なことだと思っている。私も「人の発達は一生続く」と考えており、中原さんの考えとは一致するところが大きい。併せて私は、人の発達が一生続くからには、成人になってからの教育や学習支援のやり方には工夫が必要だとも考えてきた。そのことは、教育学の世界の人たちが、成人教育の課題として挑戦してきたテーマでもある。

現実には、たとえば私が企業を訪ねて人材育成担当の人たちに、「次期経営幹部の育成とは、成人の一つの非常に興味深い『発達』の仕方を支援することだと思いませんか」と言ったりすると、たいてい「今、なんて言いました?」とキョトンとされる。こちらがいきなり「発達」などという概念をもち出すと、相手はどう反応すればいいのか戸惑うらしい。「生涯発達」も「成人教育」も、産業界のボキャブラリーとしての市民権をまだ得ていないと思う。

企業の人だけを例にとるのはフェアでなくて、現状では、れっきとした経営学者の中にも「経営学って、『発達』の問題を扱うんでしたっけ?」と(悪意なく)私に聞いてくる人がいっぱいいる。経営学が人の問題を扱う以上、「発達」の研究は避けて通れないはずなのだけれど、この点に関しては、若手の柔軟な経営学者でさえ感度がいまひとつ鈍いように思ってしまうことがある。

おそらく、「学び」も「発達」も、大人にとってはもう卒業したもの、無縁のものというふうに遠ざけられてしまいがちなのだろう。それに学びという言葉には、耐えて身につける、目上の人の言うことを聞く、世の中の秩序を知るといった学校教育の息苦しいイメージがつきまとう。「今、中学校の教室に戻ったとして、一日耐えられますか」と聞かれて、ハイと答えられる大人はまずいないだろう。

だが、ここで読者のみなさんにも考えてほしいのだが、人が学校を終えて、つまり大学卒の人なら二二歳ぐらいで社会に出て、仕事の場で働くようになって、その後、ぱったりと発達を止めるということがありえるだろうか。

そんなわけがないと誰もが思うに違いない。むしろ、学生時代に学んだことだけでは通用しない課題に次々に直面するからこそ、働き始めてからの学びは欠かせない。それに、二〇歳すぎから、仕事をリタイアするまでの約四〇年間、人によっては五〇年近い年月に、まったく学びがなかったとしたら、人生がもったいない。

働く人は誰もが、インディビデュアル・コントリビューター、直訳すると「個人として貢献する存在」、日本の実務用語では「担当者」、よくない表現だと「ヒラ社員」として、キャリアのスタートを切る。この段階では、とにかく早く一人前になろうと努めるだけで精一杯だが、次第に経験を積み、上司や先輩や後輩や部下などさまざまな他者とのかかわりの中で学び、研修でも学ぶ。内省がうまくできるようになると、それが自信をもった行動につながり、自身も成長しながら次世代の育成にも貢献できるようになっていく。そうしたプロセスを見て、中原さんが「人の学びは一生続く」と言い、私が「人は一生発達し続ける」と言うのは、同じ意味合いだと考えてもらっていい。また、教育学と経営学のこうした接近は、もともと教育学部出身である私から見てもとても喜ばしい。

正統的周辺参加●中原

続いて、職場を学びの場にするにはどうしたらいいのかを考えるにあたり、まずは、一つの学習モデルを紹介したい。

一九九〇年代初頭、ジーン・レイヴとエティエンヌ・ウェンガーは、人材育成と組織行動の関係を理解するのに役立つ革新的な枠組みを提唱した。「正統的周辺参加（Legitimate Peripheral Participation）」と呼ばれるそのモデルは、「個人としての学習効果をいかに組織としての仕事に結びつけるか」という問題設定を否定し、この問題の前提にあった「学習―仕事」「個人―組織」といった二項対立的な認識に変更を迫った。

レイヴとウェンガーが着目したのは、徒弟制的な共同体において、新人がどのようにして一人前になっていくのかというプロセスだった。二人の共著『状況に埋め込まれた学習』（佐伯胖訳、産業図書、一九九三年）には、正統的周辺参加に相当するいくつかの事例が載っており、中でも「リベリアの仕立屋」の話はよく知られている。

西アフリカ・リベリアの仕立屋では、徒弟は衣服製造の仕上げ、つまりボタンを付けたりする工程から仕事をおぼえ、それができるようになると、生地を縫うこと、さらに生地の裁断というふうに、製造ステップとはちょうど逆の順番で学習していく。これにより、最初に徒弟は衣服の全体像を把握でき、前工程がどのように次の工程に役立っているかを理解しやすくなる。その上、店としては失敗が少ない。服を作る上で一番難しいのは裁断であり、次が縫製で、一番ミスが許されるのはボタン付けだからだ。

要するに、リベリアの仕立屋では、新人は、プロダクトや工程の全体像を見渡せる仕事に最初に従事させられ、なおかつ、新人がエラーをしても、全体の活動をブレークダウンさせてしまわないように仕事の配列がデザインされている。

こうした正統的周辺参加モデルにおいては、新人（学習者）にとって学習は、仕事の中の日常的行為に埋め込まれたものであり、「学習―仕事」という対立概念は存在しない。本章冒頭の用語を使うのであれば、「ワーク」と「ラーニング」を対立させて考えてはいない。

共同体の実践活動に参加するときに、学習者が意識しているのは、知識やスキルの習得などシステマティックに細分化された目的ではなく、トータルな意味での実践活動における行為の熟練だ。傍目には「新人が知識を身につけた」とか「新人が重要な問題点に気づいた」というふうに見えても、学習する本人は「いい仕事をしよう」と思っているだけで、「今、自分は学習している」とは考えていない。

また、このモデルでは、「個人―組織」という対立概念も解消されている。実践活動における行為の熟練は、共同体全体で行われる実践活動への貢献度によって評価されるからだ。共同体の活動成果と個人の学習成果は一体不可分の関係にあり、学習者個人にとっての「いい仕事」とは、「自分の担当業務をうまく遂行した」といった個人レベルのものではなく、「共同体にとっての活動目的を達成した」という組織レベルのものとなっている。

つまり、新人は、ある組織の中で、組織にとって価値があるとされる事柄を周辺的に担いながら、ときに試行錯誤を繰り返し、さまざまな人々の助けを借りつつ、一人前になっていく。彼らや彼女らに必要なのは「ラーニング」だけでも、「ワーク」だけでもない。ラーニングフル・ワーク（学びのきっかけに満ちた仕事）なのだ。

もちろん、正統的周辺参加はリベリアにだけではなく、そこかしこにある。

私は、あるシンポジウムで、宮大工の棟梁小川三夫さんと御一緒したことがある。その時にお聞きした宮大工の一人前になるプロセスが印象的だった。

小川さんは、来る日も来る日も、弟子に食事の用意と掃除をやらせる。別にいじめやシゴキでそうするわけではなくて、ちゃんと理由がある。食事の用意をやらせることで、弟子に「段取り」を身につけさせる。掃除をさせることで「丁寧さ」を教える。小川さんは、「段取り」「丁寧さ」こそ、宮大工にとって最も重要な資質だと語っておられた。宮大工の新弟子は、先輩たちの食事の用意や掃除といった正統的かつ周辺的な仕事に参加することで、ちゃんと修業の第一歩を踏み出しているのだ。

とはいえ、食事の用意と掃除ばかりやらされる弟子にしてみれば、何のために修業を始めたのかがわからない。半年ぐらいたつと、先輩大工がつくるきれいなかんなくずを見て、自分でも削りたくて削りたくてたまらなくなるという。その一瞬まで小川さんは待つ。そしてその一瞬が訪れたとき、初めてかんなを与えると、弟子は柱すべてを削ってしまうほど、かんな掛けに熱中するという。

また、かなり前に、私は理容師さんにインタビューしたことがあった。といっても髪を切られながらだが、たまたまその店（グループ）は教育システムがかなり確立されていて、理容師さんと話をしているうちに、あれこれ聞きたくなった。理容師さんは、「もしかして業界の人ですか」とあやしみながらも、いろいろ話してくれた。

そのグループの場合、学校を出た理容師の新人は、まず店に入る。この段階では、生身の人間の髪をカットするのは「ほぼ不可能」だという。半年間ぐらいは見習いで、開店中の昼間はシャンプーを担当する。

なぜシャンプーなのかについては、四つ理由がある。①失敗してもお客さんに危険がない、②お客さんの頭を洗いながら、頭の形や髪の生え方がいろいろであることがわかる、③どのように髪を切ればいいのかという「完成した形」がわかる、④手首を育てることができる。

とくに④の「手首を育てる」ことはとても大切なのだと理容師さんは話していた。理容師さんは、私たちが想像する以上に「強い手首」を必要とするそうだ。

昼間はシャンプーを担当する新人は、閉店後の夜にもやるべきことがある。「人形の頭」を使って、髪を切る練習をする。その後、夜の練習は、店の先輩や同僚をモデルにした「生身の人間」に移行する。その際、何より大変なのは、人形と違って人間は話しかけてくることだという。

見習いが終わると、次に新人は、店の系列で「カット一〇〇〇円」の激安店に配属される。この店は価格が安い代わりに、新人が修業で髪を切るということは、店側がお客さんに伝えて了承をとってある。さらに本店からはエース級のコーチも送り込まれていて、ときたま新人が失敗しそうになると、カットを直す。その様子を新人は黙って観察して学ぶ。新人はコーチの下で三〇〇人のお客さんをカットすると「卒業」で、ここまで早い人で一年、人によっては二年程度かかるとのことだった。

先ほどリベリアの仕立屋を例に出したとき、私は徒弟制という言い方をした。ここでは宮大工や理容師の例をもち出したので、読者の中にはまた徒弟制を思い起こす人がいるかもしれない。さらには徒弟制と聞くと、「前近代的」「封建的」といった負のイメージをもつ人がいるかもしれない。

たしかに、徒弟制の名の下に、閉鎖的な人間関係の中で、シゴキが正当化されたりしたことがなかったわけではない。しかし、だからといって、徒弟制を「前近代的」「封建的」と決めつけてしまうと、この仕組みがもっている豊かな可能性を見失ってしまう。近年の学習研究者は、人々が効果的に学んでいる場では、あらゆる所で徒弟制が作動していると看破している。企業や学校など、およそ知識の伝授・獲得がなされている組織には、徒弟制の仕組みが見出せる。責められるべきは徒弟制ではなく、徒弟制の誤解の果てに生み出される権威主義や閉鎖性であることを理解してほしい。

また、正統的周辺参加は職人やブルーカラーの世界だけに見られるのかというと、それも違っている。正統的周辺参加モデルはホワイトカラーの職場にも見られる。人がよく育つと言われる組織では、一人の課長がぐいぐい引っ張るというよりは、メンバーそれぞれの成長度合いに合うように仕事がうまく配列されていて、相互に助け合いの関係がある。そういう職場や職場内の関係をつくることも、「教育者」としてのマネジャーの役割ではないかと私は思う。読者のみなさんの職場にも正統的周辺参加の実例はあるだろうか。一度そういう目で自分の職場を見直してみるといいかもしれない。

職場を実践共同体に○金井

「正統的周辺参加」は、ややぎこちないネーミングに聞こえるが、誰かにやってもらわなければ困るけれども、ど真ん中ではなく、なおかつ、やれば必ず学べる仕事だから新人にやらせるという意味合いが込められた絶妙な術語だと思う。

私の教え子の山下勝さん（青山学院大学准教授）は、かつて映画プロデューサーの役割とキャリアについての研究を手がけた。その論文の中でも、今はプロデューサーになった人が、若い頃の修業時代を振りかえって、スタジオで雑用に追われていたときの経験を財産として語っている。映画製作の現場で新人は、撮影所で出るゴミを焼いたり、ロケ弁当を懸命に探して買ってきたり、カメラや照明の周辺で駆け回ったりといった下働きをしながら、映画がどうやってつくられていくのかを学ぶ。雑用は大変だが、新人にとっては現場に居合わせることそのものが喜びでもあり、そのときどきに応じて映画撮影の暗黙知を学びとれる。これもまた正統的周辺参加の典型だろう。

正統的周辺参加は、職人やブルーカラーの世界だけに見られるのではないという中原さんの意見にも私は賛成する。あらゆる職場には、メンバーそれぞれの異なる持ち場があり、初心者はこの部分、慣れてきた人はこの部分、熟練の人ならこの部分といったふうに、各持ち場が実践を通じた学習の機会と位置付けられている。

したがって「教育者」としてのマネジャーの役割は、自分ひとりで部下たちに手とり足とり教え込もうとすることではなく、部下たちの学びの順序を最適化し、メンバーが相互に先生役になれるような職場をつくり、職場そのものを学習の場にすることだろう。職場の全員が実践を通じて切磋琢磨し合い、学び合えるコミュニティ、そうした集団をレイヴとウェンガーは「実践共同体（community of practice)」と呼んだ。実によい言葉だと、彼らの本を初めて読んだときから思っている。

ところで、レイヴやウェンガーと交流のあった人物にジョン・シーリー・ブラウンがいる。ゼロックス社の伝説的研究所、パロアルト・リサーチ・センター（PARC）の長を長く務め、つねに学問の境界を取り払ってきた研究者だ。神戸大学と南カリフォルニア大学の合同コンファランスで、カクテル・スピーチをしたブラウンは創造性を一人でなく、ともに発揮するスターだった。その彼が「ゼロックスのコピー機を修理する人たちはどのようにして修理技術を身につけていくのか」を調査するにあたって白羽の矢を立てたのは、若手の人類学者ジュリアン・オールだった。たぶん、中原さんお気に入りの研究者だと思う。

オールが、文化人類学の手法である参与観察を行った結果わかったのは、修理担当者たちはコピー機の修理技術を分厚いマニュアルによってではなく、カフェテリアでの同僚たちとの語らいから学んでいるということ、しかも当の修理担当者たちはそうした会話の詳細についてはおぼえていないということだった。この事実は、知識共有が起きている「場」の意外性と、マニュアルや研修に偏りがちな正規教育の限界を物語っている。

以前、音楽好きの私がヤマハの工場を訪れたとき、壁のあちこちに、「from ○○, to ☆☆」という見出し付きで作業の詳細を教える内容の紙が張ってあるのが目についた。ヤマハでは、プロが使うようなハイエンドの楽器にきれいなカービング（彫りもの）を施す。その技術を、敬意を表すべき楽器の匠《たくみ》から若手技術者へと伝承する仕組みの一つとして、実践での教え以外に、そうした紙を工場内に張っているとのことだった。「○○」には教え役の匠の名前が、「☆☆」には若手の名前が書かれていた。

小川さん、その師の西岡常一さんの宮大工の世界でも、能の世界でも観阿弥・世阿弥の時代から、技術や技能の継承においては、先輩が後輩の目の前で実際にやってみせる側面からの刺激と、先輩が後輩に見せながら大事なことを言葉で伝える口伝《くでん》とが、同時に行われてきた。先ほどの経験学習の話に戻せば、観察も一種の経験になりうるということであり、そういう学習の仕方を、前章で中原さんが紹介したバンデューラは「代理学習」と名づけた。代理学習は、モデリングによる観察学習の別名だ。

代理学習には「要約ラベル」が付いていると学習は促進される。ただ、「背中を見て盗め」というのでなく、盗むヒントを、言葉として放つ。その言葉こそが師、教える側の持論にほかならない。後輩が参照すべきことが、先輩によってコンパクトに言語化されており、それらは営業のコツだったり、ベテランがおさえているツボだったり、私が言うところの持論の一部だったりする。

たとえば、若手の野球選手がベテラン強打者にバッティングの極意を教わりに行き、「よし、見てろ」と言われてそばで観察させてもらい、（仮にだが）「いいか、大事なのはタイミング、重心の移動、それにボールをバットの芯でとらえることだ」と伝授してもらったとしたら、「タイミング・重心・バットの芯」の三つが要約ラベルに当たる。この場合、バッティングの極意を授かった若手は、ひとりぼっちの練習という直接経験だけではつかみがたいヒントを、名選手から言葉の形で得たことになる。このような要約ラベルを参照しながらする学習をバンデューラは「リファレンシャル・ラーニング」とも言い表した。

中原さんが徒弟制にまつわる誤解を解いてくれたので、私からは「教え」の原義について話しておこう。

よく、ものの本などでは、「エデュケーション」は、ラテン語の語源に遡れば「引き出す」という意味だから、本来の教育とは学習者の能力を引き出すことだといった説明がなされる。言葉の由来はともかく、私はこの説明はこの面だけを強調してしまうのなら、あやしいと思っている。教育には、学習者を鋳型にはめる面と学習者の力を引き出す面の両方がある。

先ほどから出ている言葉「まねぶ」が完全模倣を意味しているように、教育は学習者を鋳型にはめることから始まる。教え役の基本的な指示は「まず私の言う通りにやりなさい」であり、学習者にいったんは完全模倣を求める。そして学習者があるステージにまで到達したら、場合によってはそこまで達する手前ぐらいで、教育者は学習者に対して、なぜ型にはめたかについての謎解きをし、学習者が自分のやり方を探す手伝いをする。教育・学習において「鋳型にはめる」と「力を引き出す」は矛盾するのではなく、段階に応じて、前者から後者へと教え方のウェイトが移っていくのだ。

上司は何をすべきなのか●中原

金井さんが、優れた上司の役割について、「自分ひとりで部下たちに手とり足とり教え込もうとすることではなく、部下たちの学びの順序を最適化し、メンバーが相互に先生役になれるような職場をつくり、職場そのものを学習の場にすることだ」とおっしゃったのは、非常に洞察に富んだ指摘と言える。

歴史を遡ると、教育や学習は「導管メタファー」というコミュニケーション観を基本として考えられてきた経緯がある。これは、情報を有形のモノととらえ、その送り手と受け手の間にパイプのような流通経路を設定して、パイプに情報を投げ込めば、情報の内容がそのまま受け手に伝わると見なす考え方だ。情報を「知識」、送り手を「教師」、受け手を「生徒」と考えればわかりやすいかもしれない。この考え方にたてば、学習とは送り手から受け手に対して「知識」を効率的に蓄積・伝達することになる。先の「自分ひとりで部下たちに手取り足とり教え込もうとする上司」は、導管メタファーに囚われて部下指導をしている可能性があるかもしれない。かつてブラジルの教育学者パウロ・フレイレは、こうした教育の姿——「教師が学習者に対して一方向的に知識を切り売りする教育」のあり方を「銀行型教育」として批判している。（次ページの写真）

だが、一九八〇年代から九〇年代にかけての学習研究では、このパラダイムとは異なった学習に研究者の注目が集まった。複数の学習者が集まってコミュニケーションをとりながら

導管型教育のイメージ

学び合うというもので、「協調学習（collaborative learning）」と呼ばれる。

たとえば、同じ課題が二人の学習者AさんとBさんに与えられ、Aさんは解決策は「a」だと考え、Bさんは「b」だと考えたとしよう。相互の学び合いはそこから始まる。AさんとBさんの間で対話がなされ、Aさんは答えを「a′」に、Bさんは「b′」に修正するかもしれない。対話によって新たな解決策「c」が見つかる可能性もなくはないだろうが、「c」は見つからなくてもかまわない。AさんとBさんが対話を通じて、それぞれ以前より高まった解決策を見つけられるのが協調学習の効果だ。

先に私が述べたプレイングマネジャーと部下の現場における相互の学び合いや、外化によって他者から吟味やコメントをもらって内省を促進する学び方も、協調学習に当たる。

さて、このことを踏まえた上で、もう一度、富士ゼロックス総合教育研究所の調査を引こう。あの調査のデータからは、職場で「内省支援」が得られるかどうかには、「上司のメンテナンス機能」と「互酬関係」が大きく影響することがわかっている。再度説明すると、「上司のメンテナンス機能」は、上司がリーダーシップを発揮するときの、とりわけ人間関係の調整を意味しており、「互酬関係」とは、職場の中にある「困ったときはお互い様の助け合い文化」を指している。

協調学習のイメージ

となると、ここで一つの仮説が浮上する。上司が職場の人間関係をうまく調整することによって、職場の中の助け合いの文化が生まれると、そこに協調学習の基盤が成立し、職場のメンバーが相互に学び合う関係になる、そのことで職場のメンバーは「内省支援」が得られる、という仮説だ。

詳細な分析をさらに進める必要はあるものの、もしこの仮説が正しいとするならば、上司が引き受けるべき役割はやはり、ひとりで職場のメンバーに手とり足とり教え込むことではない。むしろ上司には、職場に社会的な関係をつくり出し、あとは職場メンバーの協調学習に委ねる、という形でのリーダーシップが求められている。

先ほど出てきたレイヴとウェンガーは、「熟達は、親方（上司）の中にあるわけではなく、親方（上司）がその一部となっている実践共同体の組織の中にある」と述べている。

このことから考えると、上司がなすべきことは、個人の熟達を手とり足とり支えることや人材育成のすべてを担うことではない。「人が育つ実践共同体（この場合は職場）」をつくること、職場のメンバーが成長するような社会的関係や職場の風土をデザインすることではないかと思う。そしてさらに重要なことは、上司が実践共同体の「一部」として、上司自らも「学び続ける存在」として「成長」をめざすことにある。

対話する組織●中原

ゼロックスのコピー機修理のプロたちが、自分たちが経験した仕事のエピソードを「war story（こんなすごい修理をしたという武勇伝）」としてカフェテリアで共有していたという事実からは、組織における「対話」の重要性を指摘することもできる。

私は、長岡健・産業能率大学情報マネジメント学部教授との共著『ダイアローグ　対話する組織』（二〇〇九年、ダイヤモンド社）で、対話というコミュニケーションのあり方が個々の企業の人材育成や組織課題を解決する可能性を描き出そうと試みた。

この本で、私たちは、対話を、①共有可能なゆるやかなテーマのもとで、②聴き手と話し手で担われる、③創造的なコミュニケーション行為、と定義した。順序立てて、詳しく見ていこう。

まず、対話にはとにもかくにもテーマが必要となる。それも人々が共有可能なテーマ、人々が日々の生活の中でコミットしうるテーマであることが重要だ。ある人にとっては重要でも、他のメンバーにとってはさっぱりといったテーマのもとでは、対話を続けるのは難しい。場合によっては、何をテーマに対話するのかという出発点から対話で導くアプローチもありえる。

もし将来についての対話をする場を設けるならば、日々の仕事にとって本質的に重要なテーマ、ふだんはなかなか深く問う機会が少ない根源的なテーマを選ぶのもいいだろう。ビジネスパーソンは限られた時間とコストの中で、緊急度の高い課題への対処に日々忙殺されている。そのため、自分たちは正しい方向に進んでいるのかといった、緊急ではないけれども重要な問題や、本当に解決すべき問題を見失うことがままある。こうした問題をあえてテーマに据え、腰を落ち着けることから始めるといいかもしれない。

次に、対話には聴き手と話し手の最低二人が必要となる。ダイアローグはギリシア語の「ディアロゴス」に由来し、言葉（ロゴス）を分かちもつ（ディア）という意味だ。聴き手がいなければ、それは単なる独り言（モノローグ）にすぎない。

ただし、最低二人の人がいたとしても、話し手が一方的に話しているだけの状態では対話にならない。大切なのはむしろ聴き手側であり、対話の本質は話すことよりむしろ聴くことにある。聴き手になるというのは、相手の話にじっくり耳を傾ける役割を担う積極的かつ意図的な行為でもある。相手の話を聴いていて、何かを即断、即答したくなってもいったんそれらを留保し、しっかり聴き取ることを重視する。

一方、話し手は「私は〜経験した」「私は〜思う」「私は〜したい」など一人称の語りを心がけるとよいだろう。前に述べたように、ビジネスの文脈で「主観的」であることは、しばしば「よくない」と見なされる。大きな問題を議論する段になるとなおさら、「われわれは」「一般的には」「業界的には」などと主語をすり替えた話し方が目につくようになる。

しかし、主観的であることはまったく悪くない（「物事の意味は個人の想像力でつくられるもので、根本的に他人とは理解し合えないものだ」と考える「主観主義」はよくないが）。主観的に一人称で語らなければ、評論家的な議論に陥りやすいからだ。「私」を前面に出した一人称発話のやりとりの中で、今まで気づかなかった新たな意味が見出され、物事の理解が深まったり、新たな視点や気づきが生まれたりする。このようなコミュニケーションこそ、対話と呼ぶにふさわしい。

対話にはもう一つ注意しなくてはならないことがある。それはコミュニケーションの内容がロジカルなものだけを偏重しないように気をつけるということだ。

認知心理学者で教育学者でもあったジェロム・ブルーナーは、人間の思考様式や認知作用には「論理・実証モード」と「ストーリーモード」の二つがあると考えた。前者は、科学者やビジネスパーソンが得意とし、ある物事が正しいのか間違っているのかを問い、厳密な分析を通して、物事の真偽を明らかにしようとする思考形式のことをいう。これに対して後者は、ある出来事とある出来事の間にどのような意味のつながりがあるかを注視する。物事が正しいか間違っているかではなく、現実味に富んでいるか、腹に落ちるかどうかが重要とされる思考形式だ。

とかくビジネスコミュニケーションは論理・実証モードに偏るきらいがある。したがって、あえて対話の場を設けるのであれば、ストーリーモードが駆動するような内容を、必要に応じて差し込むように意識するのがいい。具体的には、自分の経験を語る、自分の見たもの、感じたことをエピソードとして語ることだ。ただし、くれぐれも「導管メタファー」にならないように気をつけることは繰り返すまでもない。

対話は、雑談とも議論とも違う。雑談は「自由なムードの中でのたわむれのおしゃべり」であり、議論は「緊迫したムードの中での真剣な話し合い」だ。これに対し、対話は「自由なムード」の中での「真剣な話し合い」であり、真面目なテーマについての話し合いを真剣に楽しむシリアスファン（serious fun）なスタンスをとる。

内省を促す対話●中原

先に述べた通り、対話は、他者を理解すると同時に、自分自身についての理解を深める内省の機会にもなりうる。

人は他者と対話する場合、自分の話が他者にうまく伝わるように、他者が理解しやすいようにしゃべる必要に迫られ、そのためにさまざまな概念整理を行う。ここで、いわゆる「認知的負荷」がかかる。筋肉にわざと負荷をかけて鍛える筋トレをイメージしてもらうといいかもしれない。

たとえば、今、この本を読んでいるあなたが男性だとして、会社から帰って家で奥さんに仕事上の苦労なり悩みなりを話そうとしたところ、うまく通じなくて困ったという経験はないだろうか。

あなたの方は自分の仕事について話すのだから、言いたいことははっきりしているし、自分の言葉をもっている。しかし、言いたいことをそのまま話したからといって、奥さんに通じるとは限らない。奥さんにちゃんと聴いてもらうためには、奥さんにもわかるように、場合によっては言葉も変えて話さなくてはならない。これが語り手の感じる認知的負荷だ。

わが家の話をすると、私はよく、自分の研究の内容について、夜、妻に話す。妻はたいていパソコンをいじっていたりするので、熱心に聴いてくれているのかどうかは定かでない。だが、私の方は話したいものだから、できるだけ妻にも伝わるように言葉を選んで語る。「わからない」と言われたら、別の言葉で言い直す。すると、しゃべっているうちに、こっちで勝手に何かに気づいて「あ、そうか、そうか。そういうことか」と研究のヒントが得られたりする。妻からはときおり、研究者同士の会話ではまず出てこないような質問も飛んでくるので、それがまた思考のきっかけになる。

こうした内省を促すやりとりを、私は、冗談まじりに「奥様リフレクション」と名づけている。読者が既婚男性なら、ぜひ一度、奥さんを相手に試してみるといいし、既婚女性であれば、「旦那様リフレクション」をやってみてほしい。もっとも、私自身は妻の話を聴くときに、「それはこういうことじゃないのか」とか「わかった。解決策は三つある」などとつい話をさえぎってしまうため、妻のリフレクションの手伝いができているかどうか甚だ心もとないのだけれど……。

火花を散らすコラボ○金井

長らく所属している組織学会の大会で、東京大学に移られる前の三宅なほみ教授から直々に協調学習について学ばせていただく機会があった。

働く場を学びの場にするための対話、さらに前章での議論を踏まえて言えば、経験を内省するきっかけとしての対話は、各企業でもっと見直されてもよいだろう。前に中原さんは「人はハードシップ（試練・修羅場）でしか学べないのか」と問いかけた。私は「買ってでもくぐるべきハードシップはある」と答えたが、ハードシップからの学習を「楽しいこと」「うれしいこと」にするため、経験をうまく意味づけるためには、なおさら内省やそのための対話が必要だとも思っている。

協調学習とは何なのかを読者によりわかりやすく想起してもらうためには、パブロ・ピカソとジョルジュ・ブラック、あるいはビートルズのジョン・レノンとポール・マッカートニーの関係を例にとってみてもいいかもしれない。

よく知られているように、ピカソとブラックは、一時期お互いの作品の区別がつかなくなるほど結びつきを強め、ともにキュビスムを創始した後、別れて再びそれぞれの画風を確立した。

ジョンとポールは、ビートルズ時代に「レノン＝マッカートニー」のクレジットで数々の名曲を生んだ。彼らの場合は、ファンの好みにもよるだろうけれど、二人が別々に作った曲よりも共作の方が一般に評価が高いように思える。

いずれにせよ、ピカソとブラックも、ジョンとポールも、相互に相手を認めつつも、「なあなあ」にはならず、火花を散らすようなシリアスなコラボレーションをしていたのだろう。

異業種間の人たちの対話が生み出す効果についてもふれておこう。私の同僚である加登《かと》豊《ゆたか》さん（神戸大学経営学研究科教授）がかかわっておられる『逸品』ものつくり経営塾」という学びの場で、造船会社の人たちと、スナック菓子メーカーの人たちが相互にフィールドコンサルテーションをやったところ、両社のコスト構造を改善する上でとても有益だったと聞いた。鉄を使って巨大な船舶をつくるのと、ジャガイモを原料にスナック菓子をつくるのとでは、一見まったく発想が異なるようだが、鉄もジャガイモも、いかに無駄のないように切るかが大事という点では似ていて、両社の人たちで課題や悩みを話し合ううちに、互いに解決のヒントが得られたのだという。

中原さんの「奥様（旦那様）リフレクション」は秀逸な命名で、聞いていて私にも思い出すことがあった。

私は前掲の『働くみんなのモティベーション論』を書いていたとき、その書物の原稿を仕上げる最後の詰めの段階で、不覚にもしばしばやる気が落ちている自分を見つけた。執筆にはモティベーションの波があって、構想を練っているときや、書きたい箇所から書き出したときの楽しさに比べると、最後の仕上げは勢いが鈍る。かといって、内容に間違いや重複があったりするとよくないから、仕上げは念入りにしなくてはならないし、書きかけでほったらかしにするわけにもいかない。ただ、そうはいっても、恥ずかしながら、どうしてもやる気が出ない日はある。

ちょうどその頃は、長男が受験勉強で夜遅くまで起きていた。ある晩、私がへたばっているのを見かねたのか、「今度は何の本を書いてるの?」と聞いてきたので、「やる気の本を書いてるけど、今日は自分のやる気が落ちている」と答えた。

すると長男は「やる気を語る人のやる気がなかったらいかんよ」とごく自然に言ってくれたものだ。なるほどその通りだとは思ったが、考えてみたら、ずっとやる気に溢れている人なんて滅多にいないし、そういう人にモティベーションの持論は必要ない。一時はやる気が失せても、また復調できるよすがになるのがセオリーの役割だ。

だから、「やる気はアップダウンするものだし、ダウンしそうになったときは、持論があるおかげで自己調整できるんだ」と長男に言うと、今度は納得してくれた。思えば、あの晩、私がやったのは、「奥様リフレクション」ならぬ「お子様リフレクション」だったのだろうか。それはともかくとして、親しくて信頼できる対話の相手がつねにそばにいてくれることに感謝すべきなのだろう。

学びのいざない人としてのマネジャー●中原

前章で私は、若手や中堅は、異なる〝かかわり先〟から、異なる支援（業務支援・内省支援・精神的支援）を得ているという富士ゼロックス総合教育研究所の調査結果を受け、上司ひとりが部下への支援を無理して担う必要はなく、人材育成はネットワークによって達成されるとの見方を示した。

また、この章では先に、「教育者」としてのマネジャーの役割は、人が育つ実践共同体をつくること、職場のメンバーが成長するような社会的関係や職場の風土をデザインすることだと述べた。

くどいようだが、誤解を避けるためにもう一度繰り返す。

マネジャーには、部下育成の責任がある。そのことを私は否定しない。本当に必要なときには、マネジャーは自ら直接、部下に対して指導することが求められる。言わなくてはならないことは、自ら言うべきだ。教育の世界では、教師が子どもに媚《こ》びへつらうことを「おもねる」と言うが、マネジャーが部下に「おもねって」はいけない。

しかし、マネジャーはいつも直接、部下の面倒を見なくてはならないのか、それがマネジャーひとりの責務なのかと聞かれれば、私はあえて、そうではないと言いたい。

むしろマネジャーの役割としては、部下が育つ人間関係を職場にセッティングし、ナヴィゲートすることの方が大きいのではないかと思う。マネジャーは「働くみんなの学び」の一端に責任は負うべきだろうが、「単独の担い手」になる必要はない。金井さんの言うマネジャーの「教育者」としての重要な役割は、人を育てることではなく、人が育ちやすい環境をつくること、職場における「学びのいざない人」になることではないかと思うのだ。

近年の企業を取り巻く環境は、揺るぎない知識で揺るぎない答えを見つけ出せるような状況ではない。また、ある人の経験がすぐに応用できるような状況でもない。知識が役に立ちにくい問題、答えがないかもしれない問題に、上司も部下も新人も直面している。あらゆる問題があらゆる人にとって初出であるのが、今という時代だ。

そんな中、私たちにできるのは、話し合うことであり、刺激し合うことであり、理解し合うこと、知識や経験や感性の異なる人たちが集まって問題に立ち向かい、解決を通じて成長することだ。これは理想を言っているのではなくて、もはや、そういう対話による学習モデルしか成り立ちえないと私はにらんでいる。

プロセスコンサルタントとしてのマネジャー○金井

中原さんが、対話による学習モデルに言及してくれたので、マネジャーの役割をより広くとらえるという意味合いで話そう。

私の恩師でもあるＭＩＴのエドガー・Ｈ・シャイン教授は、一九六〇年代に手がけていたエグゼクティブ向けのＭＢＡプログラムで長い期間受講者に自著 *Process Consultation* を読んでもらってきたそうだ。

プロセスコンサルテーションは、コンサルタントが依頼企業に対して何か解答を与えるのではなく、企業の内部者が自ら、より納得できる答えを探すプロセスを共有する手法をとる。シャイン教授自身は、一九五九年から、創業間もないディジタル・イクイップメント・コーポレーション（DEC）に請われ、この手法を用いて組織開発を手がけた。たとえば会議の最中に、誰かと誰かの意見が割れて収拾がつかなくなったときに、「お二人の意見が異なるのは、意見の前提となる認識が違うからではありませんか」と言ったり、創業者ケン・オルセンが強い口調で発言し、他のメンバーが言いたいことを言いづらい雰囲気になったときに、「ケン、今、怒ってないか」と一声かけたりして、問題解決のプロセスを促進させた。

というわけで、シャイン教授は、エグゼクティブMBAの受講者たちに対しても、「みなさんもそれぞれの会社でプロセスコンサルタントを雇うこともあるだろうから……」と議論を呼びかけたのだが、受講者は「先生、これはコンサルタントのスキルではなく、ジェネラルマネジャーの役割の一つです」と言い出したのだという。

考えてみるとその通りで、営業一筋でやってきた人でもジェネラルマネジャーになったら、財務やマーケティングや研究開発や人事など他部門の人たちの意見をしっかり聞かなくてはならない。そのジェネラルマネジャーの専門はあくまでも営業だから、もしかしたら他部門のことはよくわからないかもしれないけれども、わからないならわからないなりに、議論の場にはちゃんと座っていて、そのおかげで専門の人たちがよりよい答えを探し出せるようにプロセスをうまくつくっていく必要がある。

後にシャイン教授は *Process Consultation II* において、ジェネラルマネジャーのプロセスコンサルテーションとしての役割を明確化させた。

プロセスコンサルタントの役割は、ミドルマネジャーにとっては大げさだと考える向きもあるだろう。だが、似た役割はあると言ってもいいと私は思う。コーチングやファシリテーションやアクションラーニングが浸透しつつあるのはその表れだろうし、それら組織開発のスキルを、ファッションとしてではなく、本気で身につけようとする人がミドルに増えているのであれば、職場そのものが学びの場になる兆しとも受け取れる。また、そうした役割を果たせるミドルマネジャーは、リーダーやイノベーターへの成長に向かって一歩を踏み出しているとも言える。

組織理念を浸透させせられたいか●中原

話は変わるが、最近は、ミッションマネジメント（理念による経営）が注目されている。

さまざまな企業で、その会社が長年大切にしてきた理念などが見直され、「X社ウェイ」「Y社スピリット」といったものが策定される動きが目立つ。実は、ここにも「対話による学習」が果たす役割があると思われるので、あえて話題にしたい。

先行研究によれば、経営理念は、「成員統合機能」と「社会的適応機能」の二つの機能を果たすと言われている。

成員統合機能とは、①組織の人々が行動するときの指針や、緊急時の問題解決の拠り所となる（バックボーン機能）、②組織内の人々に一体感を醸成する、③組織コミットメントを引き出す（モティベーション機能）、といったことを意味する。

社会的適応機能は、変化の時代にあって企業自体が変革を進めていくときの拠り所（環境変化適合機能）と、そうした急激な変化の中にあっても、組織のレゾンデートルを維持する機能（正当化機能）に分かれる。

いずれをとっても、現在のような経営環境で、組織を組織として維持していくためには必要な機能だと思う。

しかし、問題はここからだ。

多くのミッションマネジメントでは、理念を広めていくにあたって、社内報や社員手帳に掲載する、職場にポスターや看板を掲げる、朝礼時に唱和する、新人研修で徹底教育する、社員研修で徹底強化する、社外ＰＲや広告などに利用するといった方法が採られる。しかし、これらは、学習の観点からは、効果が疑わしいものもないわけではない。

これらの典型的手法は、しばしば「理念浸透策」と呼ばれるように、「導管メタファー」が色濃く反映されたものとなっている。そこには、理念は誰かえらい人が考えてつくるもの、会社の中枢から末端に落とすものだといった意識が働いている。

高津尚志さん（『Works』元編集長）の言葉を借りるならば、「会社は、社員一人ひとりに理念を浸透させたいと言うが、社員は誰も、理念を浸透させてほしいなんて思っていない」。その通りだと私も思う。会社の理念が本当に「浸透した」と言えるのは、社員が自分の仕事のやり方と組織のあり方に適合を見出し、自分の仕事のやり方を「変えた」ときである。そのためには、自分の仕事と会社の理念の関係を「自分で発見」しなければならない。理念を強制されたり、唱和させられたからといって、人は価値観を変えたり、行動を変えたりはしない。それどころか、「浸透させる」と言われると、何かを仕掛けて、じわじわと理念を浸み込ませていこうといった魂胆が感じられて、どうにも気持ちが悪い。

そこで私は、ミッションマネジメントにおける対話の重要性に注目している。

いくつかの先進的な企業では、①あえて曖昧でどうとでも解釈可能な理念を従業員に提示し、②その理念を解釈する機会を職場でもち、③従業員同士が、自分自身の仕事の中に理念に関連する出来事があったかどうかについて対話をする、といった取り組みが行われている。

たとえば、三井物産では「よい仕事」が経営理念だ。同社で三年間にわたって行われたミッションマネジメントの試みにおいては、トップが各職場を回って、理念に関する関心を喚起したことに加え、「よい仕事」に関するワークショップを職場で数限りなく開いた。たとえて言えば、「会社が理念を叩き込む」のではなく「社員が自分の仕事の中に理念を語り、解釈する」ようにシフトした。このような試みは、花王やデンソーなど他の企業でも実践されている。

自分の仕事の中に理念を見出すとなると、気恥ずかしさを感じる人もいるかもしれない。しかし、どんな人でも、「よい仕事」を成し遂げたいとは思うはずだ。理念を語るのは難しくても、仕事の中に理念を見出すことなら、やってみてもいいかなと思うのではないだろうか。

組織理念はポケットではなく心に○金井

私からはもう一度シャイン教授の話をして、「経営理念の浸透」について考えてみよう。シャイン教授が、組織文化の研究に至る出発点として取り組んだのは、朝鮮戦争時に中国側の捕虜になった米軍兵士たちの調査だった。この研究で明らかになったメカニズムが「強制的説得（coercive persuasion）」、今で言う「洗脳」に当たる。

その後、関心を企業に向けたシャイン教授は、GEの研修所、その通称は「GEインドクトリネーション・センター」（当時）の調査を進めた。インドクトリネーション（indoctrination）は、「イデオロギーの注入」というちょっとすごい意味なのだが、研究の結果わかったのは、組織のイデオロギーには染まる人もいるし、染まらない人もいるということ、個人に目をやれば、組織の一員として働きながらも個人として貫いているものがあるということだった。個人が組織で働きながら貫くもの、それが「キャリアアンカー」だとシャイン教授は見抜いた。

そこで私の意見だが、企業が自社のイデオロギーや経営理念に本当に自信をもっているのなら、「浸透させる」などと、はにかんだ言い方をしなくてもいいのにと思う。自信のあるイデオロギーや理念は、堂々と社員に「注入」し、同時に、個人の自由な発想も尊重する姿勢を示せばいい（それによって社員を二重拘束してしまっては困るが）。

社会学者フィリップ・セルズニックは、組織がただ単に目標の売り上げをめざすだけであれば、それは「道具」にすぎず、使命感を帯びたリーダーの出現によって内部に価値が「インフュージョン（infusion、注入）」されたときに、価値を体現した「制度」になると説いた。（『組織とリーダーシップ―新訳版』北野利信訳、ダイヤモンド社、一九七〇年）。

セルズニックは、第1章で私が示したオーバーラッピング・マルティプル・グループ・ストラクチャー、すなわち組織を折り重なった小集団の集まりととらえるR・リッカートの見方には批判的で、組織をあくまでも丸ごと一体のものとしてとらえようとした。そうした見方から、「注入」という言葉をあえて使ったのだとしたら、それもまた興味深い。

中原さんの話にもあったように、日本の企業ではよく、経営理念の何カ条かを書いたカードや手帳を社員に配っている。これも理念を「浸透」させる一方法なのだろうが、「あなたの会社の理念を教えて下さい」と尋ねると、さっとポケットに手を伸ばす人を見かけることがある。

一橋大学の伊藤邦雄さん（大学院商学研究科教授）はこれを「理念が頭の中、胸の中に刻まれていないことを象徴する光景」と見る。そして、どんなすばらしい理念も、社員に共有され、社員の胸に刻まれ、社員の行動に反映されていなければ、「絵に描いた餅」ならぬ

「紙に書いた文字」にすぎず、せっかく理念をつくったのなら、それを記した紙をポケットに入れるのではなく、理念そのものを心に入れようと提案したものだ（『コーポレートブランド経営』日本経済新聞社、二〇〇〇年）。

私もその通りだと思う。組織理念は、社員のポケットに入ったときではなく、社員の心に入ったときにこそ、本当の意味で「浸透」したと言える。

バック・トゥ・ザ・日本企業でいいのか●中原

職場を学習者のコミュニティとして活性化させるためには対話が必要だとか、経験学習を支えるのは他者との対話だなどと私が言うと、「わかりました。要するに〝昔へ戻れ〟っていうことですね」と言われることが多い。

『ダイアローグ』を出版した後、読んで下さった人たちからはいろいろとありがたい感想をいただいたが、中には「職場のつながりや人間関係が強かった一九七〇年代ぐらいの日本企業の姿に戻せばいいのではないですか」といった声も相当含まれていた。

あの本で私と長岡教授は、働く人たちが個をしっかり保ちつつ、他者と緩やかにつながる方法としての対話の重要性を伝えようとした。つまり、「昔へ戻れ」「昔へ戻せ」ではダメだということを、手を替え品を替えて説いたつもりだったのだけれど、まったく逆の読み方をした人もいたのだ。物事を「個か集団か」という二分法でとらえようとする認識の枠組みは、かくも強固なものなのかとつくづく思った。

ここのところ、日本企業がかつてもっていた「組織のあり方」や「文化」を再評価しようとする動きが強まっている。そうした動きの表れなのか、社内運動会、社員旅行、社員寮など、バブル崩壊後の不況期にいったん廃止したものを復活させる取り組みも、企業の間で広がっているという。試みに新聞社のデータベースで検索してみたら、社内運動会、社員旅行、社員寮を扱った記事は、ここ数年でかなり増えていた。記事の中身はおおむね好意的のようだった。

おそらく、これらの取り組みは、社員同士のつながりを深めたいとか、結束力の強い職場をつくりたいといったニーズから生まれ出たものだと想像される。だが、家族主義的・集団主義的でコミュニケーションが緊密であれば、それはよい職場なのだろうか。「バック・トゥ・ザ・日本企業」と掛け声をかければ、職場のパフォーマンスが向上し、グローバルな競争に勝てるのだろうか。私はそうは言えないだろうと思う。

一橋大学の沼上幹教授（大学院商学研究科）らの研究グループでは、「戦略の創出と実行を妨げる相互作用」と「組織内調整の難しさ」を、「組織の〈重さ〉」というコンセプトでまとめ、どのような特徴をもつ組織が「重い組織」なのかを実証的に明らかにした。

それによると、職場内の人間のつながり、つまり社会ネットワークが発達していればいるほど、根回しが必要になり、組織の「重さ」が増すことがわかった。社員同士の緊密なつながりが、かえって社内の合意形成に過剰な時間と労力を必要とさせてしまう可能性があるということだ（『組織の〈重さ〉――日本的企業組織の再点検』沼上幹、加藤俊彦、田中一弘、島本実、軽部大共著、日本経済新聞出版社、二〇〇七年）。

組織学習研究の中からは、緊密なコミュニケーションがあるかどうかよりも、批判的なコミュニケーションをオープンにできるかどうかが重要だとする知見も出ている。たとえばハーバード・ビジネススクールのデイビッド・ガービンらは、組織学習を支える要因として、①精神的な安全、②違いの尊重、③新しいアイデアの許容度、などに注目する（「『学習する組織』の成熟度診断法」『ダイヤモンド・ハーバード・ビジネス・レビュー』二〇〇八年八月号）。思ったことを自由に言え、意見の食い違いを尊重しつつ、話し合いをもって解決し、新しいアイデアをできるだけ受け入れる。こうしたコミュニケーションスタイルは、かつての日本企業のそれとは必ずしも合致しない。

私自身の考えを付け加えれば、組織の結束力をいくら高めても、職場のメンバーが、自分たちのめざすべきところ、つまり仕事の意味や意義に対するコンセンサス（合意）を共有していなければ、高いパフォーマンスは得られない。さらに言うならば、共有されているコンセンサスは、その職場の人たちのひとりよがりの考えであってはならず、外部環境に照らしても優位を保てるものでなくてはならない。

考えてみてほしい。私たちは、やたらと結束力ばかり強くて、〝しょーもないこと〟にコンセンサスを見出し、〝しょーもないこと〟しかできなかった集団をいくつも見てこなかっただろうか。

私は、今の日本企業に本当に求められているのは、昔に返ることではなく、「組織の緊密性」と「個の自律性」をともに高め、バランスをとることなのではないかと思う。（図11）図を見てもらえばわかるように、「組織の緊密性」と「個の自律性」の二軸で集団をとらえた場合、集団のあり方は四通りになる。一つは、組織内の人間関係が緊密で、個が自律していない集団で、これは「ムラ社会」だ。家族主義・集団主義だったかつての日本企業を思い起こしてもらえばいい。二つ目は、組織内の人間関係が緊密でなく、個の自律だけがある集団だ。これではまとまりに欠けるし、「一匹狼」を生み出しかねない。三つ目の、組織の

図11　集団の4類型

個の自律性＼組織の緊密性	あり	なし
あり	◎	一匹オオカミ
なし	ムラ社会	×

緊密性と個の自律性がともに低い集団は、存続すら危ういから、検討から除外する。となるとめざすべきは四つ目、組織の緊密性と個の自律性がともに高く、バランスがとれている集団ということになる。

もちろん組織の緊密性と個の自律性は矛盾しかねないものであり、その両方が高い集団をつくるのは、そう簡単ではない。現に、多くの企業がここをめざしつつ、どうすればいいのかと悩んでいる。私と長岡教授が「導管メタファー」からの脱却と対話の重要性を訴えたのも、組織の緊密性と個の自律性が両立する組織のあり方を模索するためだった。けっして「バック・トゥ・ザ・日本企業」と言いたかったわけではない。

エージェンティックとコミューナル○金井

個と組織の両立という課題について、別の観点から話そう。

心理学者デイビッド・ベイカンは、人間には「エージェンティック（agentic）」な面と「コミューナル（communal）」な面の二面性があると説いた（『人間存在の二面性──西洋人の孤独と共同』一九六六年、邦訳なし）。

エージェンティックは、大きな力を背に受けて世界に働きかけ、何かを生み出そうと活動すること、コミューナルは、辞書的な意味合いでは共有・親交・交わりを表す。日本語ではやや無味乾燥に、前者を「主体的」、後者を「共同的」と訳すことが多い。

キリスト教圏でエージェンティックと言うと、究極的には神のエージェントを意味する。布教活動は、神の言葉を伝えるのがミッションであるし、物理学や数学は、もとは神のエージェントとなって、神の作品を知ることが目的だった。またビジネスの世界で事業を成功させようと努力するのも神の声に従うことであり、エージェントとしての主体性を発揮することだとされる。

けれども、人々の営みがすべてエージェンティックだと、人間は誰かの手先となって突き動かされているだけということになる。そうならないために、人々の活動においては、大勢の人たちとのつながりや関係性、つまりコミューナルなものが生まれる。エージェンティックが「神の代理人」だとしたら、コミューナルは仏教で言うところの「檀家の集い」のようなものだ。

人間存在の二面性という考え方でベイカンが警告したのは、エージェンティックなだけでは、神の代理人であった人々がやがて自らが神であるかのような不遜な発想にとりつかれ、その役割に没入してしまう危険性があるからだった。その著書には、「エージェンティックな側面は、たとえて言うとがん細胞のようなものだ」との記述がある。主体性は共同的なものに中和されなければ、尊大なまでに自己の世界を大きくしようとし、やがて自己も組織も社会も破壊してしまう。西洋人に対し、そのような眼差しをベイカンは向けた。

一方、もともと日本人は、エージェンティックな側面より、コミューナルな側面を大事にしてきたし、得意としてきた。中原さんの言い方にならえば、日本には、「個の自律性」が低く「組織の緊密性」が高い集団が多かった。

それが、近年になってコミューナルな側面が減ってきたのだとしたら、企業がそれをなんとか取り戻したいと考える意図はわからなくもない。個々人がとりつかれたようにエージェンティックに頑張って一匹狼になるのではなく、互いに信じるもののために一緒にいるような組織にしたい、ライバル同士でも心がつながっているというような連帯感を生み出したい、そう考えること自体、私は悪いとは思わない。

だが、そのための方策が社内運動会や社員旅行や社員寮でいいのかとなると、考えさせられる。

私が神戸大学経営学部の助手になった頃は、まだ職員旅行があった。泊まりがけではなかったところをみると、すでに日帰り以上のコミットをいやがる人が出始めていたのかもしれないが、先生たちだけでなく事務の人たちも一緒に出かけ、配偶者や子どもを連れてくる人も私を含め少なからずいた。私は参加して楽しいと感じたし、みんなの名前がおぼえられたのもよかった。しかし今の若い人が同じように職場の旅行に喜んで参加しているのかどうか。内心では「なんだかわからないけど、強制参加らしい」と思いながら、いやいや参加している人もかなりいるだろう。

社員寮も、かつては同期の結束を強める上でそれなりにうまく働いていたとは思うが、それには当時の住宅事情も関係していて、他に住める場所がないから、プライバシーの確保を多少我慢してでも寮に住まざるをえないという事情があった。実際、企業に就職した私の友人たちは、新人の頃、相部屋の寮生活にほとほとうんざりしていた。

翻って最近の新入社員を見ると、会社が奨励してもしなくても、同期でさっさとメーリングリストをつくってコミュニケーションし合っているようだから、わざわざ一緒に住まなくても、横のつながりだけは以前より強いかもしれない。むしろ、交流が水平方向だけに限定されてマルチレイヤー化が進んでいることの方が懸念されるのではないだろうか。

運動会に関しても、社員が競技を通じてコミューナルな関係を結べるというのなら、その先、そういう関係を職場でどう生かすのか、関係をどう維持していくのかということが問われているような気がする。

いずれも、一概にはよしあしを論じにくいが、なぜ今それらの復活なのかといった深い議論が聞こえてこないのは、気になるところだ。

第4章　企業は「学び」をどう支えるのか

「私の教育論」は万能か●中原

ここまで私たちは、現在のミドルマネジャーやその予備軍たちが置かれている状況、マネジャーが自ら学んだり、部下の成長を支援しようとするときの内省の大切さ、さらには職場を学びの場にする上での対話の重要性とそこでのマネジャーの役割という具合に、徐々にテーマを広げながら議論を続けてきた。

本章では視点を変え、「働く大人の学びと成長」を企業はどうサポートすべきかをテーマに話したい。企業の人材育成部門はマネジャー層やその下の世代の育成にどうかかわろうとしているのか、企業人材育成に足りないものがあるとすれば、それは何か、原因は何なのかといった視点で議論を掘り下げていきたい。

人材育成担当の人たち、すなわち「育成する側」にとっては耳の痛い話も出るかもしれない。だが、批判のための批判をするつもりはないので御容赦願いたい。また、人材育成に直接携わっていない読者たち、すなわち「育成される側」にも役に立つ話ができるよう配慮しながら話を進めたい。

私からはまず、企業人材育成の現場にまん延する「私の教育論」の危険性について、思うところを述べる。

先日、ある会社の人事部長と話す機会があった。その際、部長はこうおっしゃった。

「やっぱり、座学は重要ですよ。座学をしていると忍耐力がつきます。人はそのくらい追い込まれなければ学べません。最近の研修はファシリテーションだとかコーチングだとか、ぬるくって、まどろっこしいんですよ」

「で、どうして『座学』なのですか?」と私が問いかけると、「だって私たちの時代は、そうでしたから」という返事だった。

企業で人材育成に携わる人たちと話していると、このような独自の教育論をよく聞かされる。語り手はなぜか、揺るぎない持論をもっており、まったく疑いを差し挟んでいないように見える。直接は人材育成に携わっていない人でも、話題が教育となると雄弁な人は少なくない。「社員教育とはこういうものだ」「よい教え役はこうやって教えるものだ」「仕事っていうのは、こうしておぼえるものだ」等々、巷には「私の教育論」が満ちあふれている。

本書の趣旨とは異なるが、学校教育に関しては、人々の雄弁ぶりがさらに甚だしくなる。「日本の教育は画一的だ」「教師の質が低下している」「小学校が悪い、中学校が悪い、大学が悪い」……。世の人たちの間で、どういうわけか教育は声高にそして大半は否定的ニュアンスをともなって論じられる。まるで社会に問題が生じているのは、すべて「教育のせい」にされかねないほどだ。私はそうした教育批判のすべてに反論できる材料をもっているけれども、ここではこれ以上踏み込むまい。私が問いたいのは、なぜ人はかくも教育を雄弁に論じたがるのかということだ。

思うに、人々が教育について雄弁な理由は二つある。

一つは、誰もが教育を受けた経験をもっているからだ。現在の日本では、ほぼすべての人が被教育体験をもっており、そうであるがゆえに、個々人がそれぞれの経験に照らして、「教育とは何か」「学びとは何か」を考えられる。教育や学習を語る言説空間は万人に開かれている。人は誰でも「素朴教育学者」なのであり、誰もが「フォークセオリー」をつくり出しうる。教育の分野でつくられる「フォークセオリー」は、いわゆる「私の教育論」とも言えるだろう(私自身も素朴教育学者の一人であり、私の中には、教育学者としての私と素朴教育学者としての私が同居している)。

もう一つは、教育が「評価」の難しい営みであるからだ。教育は、何がしかの改革や修正を加えた後、結果が表れてくるまでに長い歳月がかかる。どんな教育論に基づいて行った改革や修正でも、インプットがあってから、変化がアウトプットとして表出するまでに、数年から二〇年ぐらいかかる。アウトプットが出る頃には、改革や修正を行った関係者はいないから、たとえマイナスの結果が出たとしても、誰も責任を問われない。したがって、教育は「言った者勝ち」の世界になりやすい。さらに言えば、誰も責任をとる必要がないのだから、ラディカルなことを言った方がウケがよい。

私は「私の教育論」がすべて悪いと言うつもりはない。アカデミックな教育学に比べて素朴教育学が低レベルだとも思わない。たとえば成功した経営者が語る「私の教育論」は、書物や伝説の形で広く流布し、多くのビジネスパーソンを勇気づけるとともに、人材育成に携わる人たちにとっても貴重な参考になりうる。それはとてもよいことだと思う。

また第2章で金井さんと話した通り、持論そのものが悪いわけでもない。働くみんながマネジャー論、モティベーション論、リーダーシップ論をもつのがよいことであるように、主観に基づく一人称発話の「私の教育論」をもつこと自体はよいことだ。

だが、「私の教育論」には弊害もある。持ち主がそれを「万能」であると思いこんでしまったとき、どんな職場の「どんな人にも適用可能」と思いこんでしまったとき、あるいは他者からの異議申し立てや時代の変化によって変更を迫られているにもかかわらず、本人がそれに気づかないとき、「私の教育論」は閉じたものになる。

皮肉なことに、「私の教育論」は、「私」を超えたがる。「私」の中にとどまろうとしない。だから、企業内の教育を統御する立場の人が、第三者からの批判を受けにくい限定的な事例を根拠に、「私の教育論」を基準として自社の教育システムを設計しようとするとき、その弊害は前景化する。「私」にとってはうまくいった教育方法が、「彼・彼女」には当てはまらない。「私」にとってのよい教師が、「彼・彼女」にとってはよい教師ではない。「ここ」で通用したものが、「あちら」では通用しない。「一〇年前」は正しかった教育が、「今」は正しくない。こうしたさまざまな亀裂が、「私の教育論」を基調とした人材育成の営みには生じやすい。

私は『企業内人材育成入門』(中原編著、荒木淳子、北村士朗、長岡健、橋本諭共著、ダイヤモンド社、二〇〇六年)の編著に携わったとき、企業は、どのような人材をどのように育成すればよいのかという問いに対して「私の教育論」のレベルで答えるべきではないと、あえて挑発的な序文を書いた。それは、「私の教育論」によって、「私の教育」ではなく「企業の教育」がデザインされている現状に強い危惧をおぼえたからだった。

言うまでもなく、企業人材育成において、教育を提供する主体は「企業」であって「私」ではない。提供されるものが「企業の教育」であるからには、諸理論の知見をエビデンスとした処方箋が選択され、組織の意思決定として承認され、ノウハウをもった人々によって、集団に対して適用されるべきだろう。

「なんとなく研修」がまかり通る訳●中原

おおまかに言って、人事部には、長年人事一筋でやってきたような少数の「人事のプロ」と、他の職場から人事にやってきて数年を過ごし、また自分の専門部署に戻っていく多数の人たちとが混在している。前者はプロ意識のなせるわざなのか、「私の教育論」に凝り固まりやすい。後者は、どうせ人事にいる期間は限られていると思っているからか、ルーチンにおいては先例踏襲、困ったときはやはり「私の教育論」でしのごうとする傾向がある。

どちらの場合も、まじめな人たちはよく勉強し、教育学の知識を身につけようと努力もされている。けれども、そういう人たちがもし、人材育成に携わる上での安心感や納得感を得るために、詰まるところ理論武装のために教育学の知識を身につけようとしておられるならば、余計に「私の教育論」が強まってしまう危険性もある。大事なことは、教育とはこういうものだという教育観、学びとはこういうものだという学習観を、つくりつつ壊すことであり、確信しつつ疑うことだ。このダイナミズムを生み出す源泉として、教育学の知識、アカデミズムの知恵を役立ててほしいと私は思う。

人材育成担当者たちの変わらない教育観・学習観は、研修のあり方にも如実に表れる。「なんとなく階層別」で、「なんとなく一斉講義」で、「なんとなく結果もよかった」と片づけられる「なんとなく研修」が、読者のみなさんの勤める会社や組織では実施されていないだろうか。

本書の前半で「会社を元気にするための課長研修」「イエスマンをなくす課長研修」を取り上げたが、これらも「なんとなく階層別」研修の類だろう。

また、ある地方自治体の人からはこんな話も聞いた。その人がいる役所では、管理職クラスの階層を対象にコーチングの研修が行われたのだという。ところが、私にその話をしてくれた人を含め受講者の多くは、肩書き上は管理職となっているものの、直属の部下はもたない人たちだった。「宛先のないコーチングを学んでどうするのだろう」と誰かが声を上げそうなものだけれど、なんとなく管理職層が対象となり、研修が実施されたというから驚く。

一斉講義のスタイルも、なぜかなかなか改められない。すでに見てきたように、働く人々は行為の中で内省し、職場という実践共同体で学び合い、協調学習によっても気づきを得ている。なのに、こと研修となると、講師が教壇に立ち、受講者を前にして長広舌をふるうお決まりのパターンがいまだにまかり通っている。「さぁ、みなさん、今日は大いにディスカッションをしましょう」と言っておきながら、自らは語るのをやめようとしない矛盾した講師がいくらもいる。

そもそも一斉講義は、産業革命がもたらした産物だとされている。一八世紀のイギリスでは安価な労働力として子どもが注目された。子どもたちを工場で働かせるためには、作業の方法やさまざまな決まり事を、できるだけ効率的に教え込む必要があった。そこで、広い部屋に子どもたちを並ばせ、先生役が、列の端にいる年長者に「これはギアである」などと口移しで教え、子どもたちが隣へ隣へと伝言ゲームのように「これはギアである」「これはギアである」「これはギアである」……と伝えていく教育法（モニトリアルシステム）が開発された。まさにこれが、導管型コミュニケーションの典型である一斉講義の原点だ。

一斉講義は、明治以降、日本の学校教育に採り入れられた。それ以前の寺子屋では個別学習が基本だったのを、明治政府が教育の近代化を図るために導入した。一斉講義はそれぐらい歴史が浅いと見るか、もしくは時代の変化についていけていない古い教え方だと見るかは、意見の分かれるところだろうけれど、いずれにしても、大人の学習において今なお漫然と一斉講義が主流の座を占めているのは奇妙と言うほかない。

一斉講義の学習効果には限界がある。ある講義を受講した生徒を五カ月後に呼び出し、「あの講義ではどんなことを学びましたか」と尋ねたところ、生徒は、講義で扱われた内容の事実や主題に関しては平均で二・一%、キーワードだけでも平均二九・一%しか思い出せなかったという学習科学の知見もある。

尊敬する学習研究者である三宅なほみ（東京大学教授）の言葉を借りて言うならば、「一斉講義はすべて忘れ去られる運命にある」。教える側は、人は、言えば聞き、聞けば理解し、理解すれば納得し、納得すれば行動するものだと思いがちだが、それはまったくの思い込みでしかない。

「なんとなく階層別」に「なんとなく一斉講義」で実施された研修は、「なんとなくよかった」と評価される。受講者へのアンケートでは、満足度は五段階で四・二〜四・五ぐらいとまあまあ高く評価され、「満足した」「刺激になった」などのコメントが付いてかえってくる。それを見て、育成担当者は「まあ、なんとなくよかったのだろう」と安堵する。

しかし、会社の一員である受講者が、人事部主催の研修を受けて、アンケートに「満足しなかった」などと辛らつに答えるにはかなりの度胸がいる。ここは無難に「満足した」とコメントしておこうと考える人がいてもおかしくはない。「刺激になった」もかなりあやしいコメントだ。何がどう刺激になったのかを受講者に内省してもらい、言葉にしてもらうところまでいかなければ、その研修が本当に役に立ったのかどうかはわからない。

丸投げ型研修の無責任●中原

教育を効果的、効率的に設計・実施するための方法論をインストラクショナルデザイン（Instructional Design：ＩＤ、教授デザイン）という。この方法論に立って、研修・教材づくりを進める具体的な順番をＩＤプロセスという。ＩＤプロセスにはさまざまなものが開発されており、代表的なのはＡＤＤＩＥ（アディー）だ。分析（Analysis）、設計（Design）、開発（Development）、実施（Implementation）、評価（Evaluation）の頭文字をとってそう呼ばれている。

簡単に説明すると、まず分析では、研修の目的、学習者や組織の課題、業務内容、必要な知識などを洗い出す。設計では、分析結果を基に、研修で用いる教材やツールなどの設計図を描く。開発では、設計に基づき、研修で用いる教材やツールを開発する。実施では実際に研修を行う。そして評価では、研修全体や教材などの問題点を見つけ出し、改善につなげる。

近年では、研修に焦点化しているＩＤをさらに拡張した、パフォーマンスコンサルティングという手法も注目されている。こちらの場合は、研修の設計のみならず、職場環境の見直しも可能になる。

ともかく、いずれの方法においても、効果的な人材施策を構築する上で一番重要なのは分析だ。学習者がどのような状態にあり、問題を解決するためには、どんな力を身につければいいのかといった研修のニーズを明らかにし、ゴールを設定する。研修のよしあしは八割方、分析で決まる。

しかし、多くの企業は研修を企画・実行するにあたって、分析に意外なほどリソースを割いていない。現場の人に対し、現場の実務との関連性があやしい研修がなんとなく実施され続けている。

中には、「現場のことがわからない」「どんな研修をやれば現場との関連性が得られるのかわからない」と嘆く育成担当者もいないではない。わからなければ、とにかく現場に行って話を聞いてみたらいいのにと私などは思ってしまうのだが、それも難しいのだろうか。

たいていの研修は、事業部門からの要請を人材育成部門が受けて教育ベンダーに依頼のファクスを流すだけの「丸投げ型」か、人材育成担当者が自席に座ったまま自分の頭の中でのみ考えた企画を自社の講師陣（俗に「研修屋」と呼ばれる）にやってもらう「丸抱え型」で実施され、しかもやりっぱなしになっている。

前者、すなわち「丸投げ型」の研修では、投げる側と投げられる側で真のパートナーシップを築けているのかということも問題となる。

二つ例を挙げよう。ある教育ベンダーが、企業A社の新人研修を請け負った。ところが、研修中、新人たちの私語が絶えなかった。ぺちゃくちゃとおしゃべりばかりしている新人たちのすぐ後ろには、A社の人材育成担当者が座っていた。講師はそのうち担当者から注意してもらえるだろうと思っていたそうだが、担当者はすたすたと教壇に近づいてきて、「すみません、あそこの新人うるさいんで、怒ってもらえませんか」と告げた。

びっくりした講師が「いや、ここは、あなたから言っていただいた方が……」と言いかけると、担当者は何食わぬ顔でこう返した。「私、怒るの苦手なんですよね。それにこの研修は御社に発注したので」。講師は絶句するしかなかったという。

また、別の教育ベンダーがB社の新人研修を行ったところ、新人が不真面目で、私語を交わしたり、携帯電話を眺めたりと、まるで学級崩壊に近い状態だったそうだ。困り果てた講師はどうしたか。人材育成担当者が席を離れたときを見計らって、新人に研修後のテストに出る箇所を教えた。新人の成績が芳しくなければ、講師の自分まで低い評価を受けてしまうため、自己防衛本能を働かせたのだ。新人もテストでは悪い点を取りたくないから、出るとわかっている箇所だけは勉強した。「丸投げ型」研修では、最悪の場合、このように講師と受講生が「共犯関係」を結んでしまうこともある。

なぜ研修はキレイにまとめられるのか●中原

研修の締めくくりに「正しい答え」が必ず述べられるのも、問題だと思う。

私の場合は、授業でも、あるいは講演などに呼ばれて話すときも、「考えるための素材は、これだけ提供します。さて、最後に、あなたに問います。あなた自身は、この現状をどうしたいのですか? 何を変えて、何を変えたくないのですか?」といったかたちで、最後は学習者自らに、問いを投げかけることが多い。

仕事柄、企業研修の講師の方々とお会いすることが多いが、「残念ながら、研修講師は、そういう投げかけ方をできないのです」と相談されることがある。理由は「研修終了後に受講者がモヤモヤした感情を残したままだと、アンケートの満足度評価に響くから」だという。私みたいなやり方だと、真摯な受講者は確実に悩む。そのモヤモヤ感は、研修に参加する前よりも参加した後の方が増す。そうすると、受講者の満足度は下がるのだという。

「だから、研修講師はどうしても、最後に答えを言って、キレイにまとめたくなります。研修とは、おしまいに『正しい答え』を出すものと考えられているのです」。研修講師の中には、そうした状況に悩みをお持ちの方もいるようである。

研修といってもさまざまなものがあるので、十把一絡《じっぱひとから》げには扱えない。そして、この問題には、「正しい答えを聞くことが学ぶこと」だとする「受講者の学習観」が絡んでくるので、研修講師個人に責任を押しつけるのは間違っている。ただし、研修において「正しい答えを出すこと」が一定の弊害を持ちうることについては、一度、考えておく必要がある。

第一に、「正しい答え」をもらった受講者たちは、満足はするかもしれないけれど、そこで「思考停止」に陥り、自ら考えることをやめてしまう。つまり、「正しい答え」をもらっていても、それを実践に移し、行動を変容させることは少ない。つまり、結局、何も変わらないことが多いのではないだろうか。

第二に、およそ企業活動に関することで、すべての現場に適用できる「正しい答え」が存在すると考えることにそもそも疑問がある。

たとえばマネジャー向けの研修ならどうだろう。すべての現場に適用できるような万能のルールや仕組みを教えるのは可能なのだろうか。研修で何を教えるにせよ、結局は一人ひとりのマネジャーが、「自分の現場の状況」に合わせて「自分の頭」でソリューションを考えるほかないのではないだろうか。だとしたら、研修で提供するべきは、一人ひとりのマネジャーが考えるための素材と、他者に開かれた内省の場ではないのだろうか。私はそう思う。

教える側は学んでいるか●中原

教える側のプロ、つまり教育ベンダーの講師や企業内の講師の方たちの専門性開発はどうなっているのかについても、私はときおり疑問を感じる。世間にはすばらしいベンダーもあるし、尊敬すべき教育のプロもいらっしゃるのだが、個々を見ていくと、その能力はいろいろとしか言いようがないからだ。

世の中でさんざん叩かれている学校教育には、一応、教員免許制度があり、学校内で教師の教育技術を改善するための校内研修がある。教育技術学、教育方法学、教師教育学などの領域も、万全とは言えないものの研究されている。私自身は、現在の教員免許制度で学ばれている内容はけっして十分ではないと思っているが、まがりなりにも原理に基づいた仕組みが存在し、制度化されている。

これに対し、人材教育に携わる講師の人たちに資格は必要ない。教える内容のアップデートは、本人次第か、本人がベンダーなどの組織に所属している場合はその組織に任されている。では、講師たちは、教壇に立った後で、どのように自分の教え方を振り返り、改善しているのだろうか。組織として講師を抱える場合は、どうやって講師の「品質保証」をしているのだろうか。そのための仕組みはあるのだろうか。あるとしたら、どのような原理で保証を成り立たせる仕組みなのだろうか。そこに教育学の知見は活かされているのだろうか。

こう言うと、「では、大学の教員はどうなのだ」と反論されるかもしれない。その通り。私たち大学教員も、研究者だから教壇に立っているだけで、専門の資格はもっていない。いわば無免許運転を続けている状態だ。最近は大学でも、教員採用時に模擬授業をやったり、FD（ファカルティ・ディベロップメント）を制度化するなどして、教える側の技術向上を図っているが、まだ十分とは言えない。今後さらなる努力が必要だろう。

そしてだからこそ、自戒をこめて私は問いたい。私たち教える側はどのようにして学んでいるのか、学ぶべきなのか。

あなたは、大人に学べという
あなたは、大人に成長せよという
あなたは、大人に変容せよという

で、そういう「あなた」はどうなのだ？
あなた自身は、学んでいるのか？
あなた自身は、成長しようとしているのか？
あなた自身は、変わろうとしているのか？

ＯＪＴとＯＦＦ－ＪＴというカテゴリー●中原

さらに、素朴かつラディカルな雑感を述べて、話を金井さんに譲ろう。私がいわゆる通常の教育研究を離れ、企業人材育成の領域の研究を開始した頃、最も違和感のあった言葉がある。それが、ＯＪＴとＯＦＦ－ＪＴという二つのカテゴリーだ。教育という観点に立てば、「ラーニングは、どこまでいっても、ラーニングである」にもかかわらず、企業では「ＯＪＴ」「ＯＦＦ－ＪＴ」という言葉で、ラーニングが分けて使われており、それぞれ「現場の管轄事項」「人事部の管轄事項」とされている。ここに、私は、最も違和感を覚えた。

一般に、企業人材育成では、ＯＪＴ（On-the-Job Training）とＯＦＦ－ＪＴ（Off-the-Job Training）という二つの強固なカテゴリーで、学習が分けられている。企業の中の学習、教育訓練を語るとき、誰もが、これら二つの言葉を使う。

アカデミックな定義としては、ＯＪＴとは「職場において実施される、上位者と下位者の間での一対一の教育訓練」をさすことが多い。それは「上司からの指導助言」と「上司からの権限委譲」から構成されるとされている。この二つの構成要素から考えるに、上位者とはいっても、そこで想定されているのは、限りなく「上司」に近く、「先輩」などは少なくともメインで想定されているわけではない。一方、「ＯＦＦ－ＪＴ」とは「職場を離れて実施される教授行為」をさすものとして概念化されている。

しかし、私は、このＯＪＴ、ＯＦＦ－ＪＴという言葉は、さまざまなもの――学びのもつ豊饒な可能性を見落としてしまうと思っている。

たとえば、ＯＪＴという言葉からこぼれ落ちてしまうのは、「職場のさまざまな他者と出会い、コミュニケーションする中での学び」である。第2章で富士ゼロックス総合教育研究所の調査を紹介したように、人は、職場でさまざまな他者とかかわり、彼らから支援を受けつつ、学んでいる。しかし、ＯＪＴという言葉は、このうち一部分しか焦点化しない。私たちが職場で「学ぶ」機会は、上司との間だけに存在するものではないにもかかわらず、「上司―部下間において生起する学び」ということに主に焦点があたる。われわれが日々経験するダイナミックな学びを見落としてしまう可能性がある。

一方、ＯＦＦ－ＪＴという言葉はどうだろうか。こちらも、大切なものを見落としてしまう傾向がある。それは研修室における「インタラクティブでリフレクティブな学び」である。

一般に、ＯＦＦ－ＪＴとは「教授行為」とされている。教授とは「教えること」であり、そこから連想されるのは、「知識を注入すること」「知識を伝達すること」である。ＯＦＦ－ＪＴという概念は、受講者の方々が、相互に話し合い、日々の仕事のあり方をリフレクションするという成人学習のもうひとつの側面、きわめて大切な側面を見落としてしまう。

さらに、もうひとつ決定的に見落としてしまうものがある。それが、「ＯＦＦ－ＪＴとＯＪＴの連携・連動」である。

教育学では、学習者の学習経験の総体を「カリキュラム」とよぶ。カリキュラムという観点から考えれば、ＯＦＦ－ＪＴもＯＪＴも、いずれも重要な学びの要素である。もちろん、そこに一貫性があってもよいものなのに、この二つが分けられているが故に、その連動は想定されない。ＯＦＦ－ＪＴは「研修所」で、ＯＪＴは「現場」でコントロールするという役割分担も生まれてしまいがちである。

最近、私は講演などで、事あるごとに、「思い切って、ＯＦＦ－ＪＴ、ＯＪＴという言葉の使用をやめませんか?」と呼びかけている。もちろん、使用をやめるのは「ＯＪＴ」「Ｏ

ＦＦ－ＪＴ」という言葉であって、そこで生じている学びではない。「現場の学び」「現場を離れた学び」はいずれも必要である。

しかし、ＯＪＴとＯＦＦ－ＪＴという分類は、見落とすものがあまりにも多い。しかも、見落としているものが、現在のビジネス環境における人材育成において、決して「失ってはいけないもの」のように、私には思える。

これらの言葉の使用をやめることで、人事部内には若干の混乱がおこるかもしれないが、おそらく現場では抵抗感はあまりないと思う。理由は二つある。第一に、「ＯＪＴ」や「ＯＦＦ－ＪＴ」という言葉は、人事の専門用語であって、現場できちんと理解されている言葉ではないからだ。それが証拠に「ＯＪＴって何ですか？」「ＯＦＦ－ＪＴって何ですか？」とラインの人に聞くと、その人ごとに異なった答えがかえってくることが多い。以前行ったインタビューでは「ＯＪＴとは、新人が仕事をすることである」と答えた人もいたし、「ＯＪＴとは上司が手取り足取り仕事を教えることである」と答えた人もいた。現場においては、これらの言葉に必ずしも共通理解が存在しているわけではない。第二の理由は、ＯＪＴやＯＦＦ－ＪＴが正しく理解されているとは言えないにもかかわらず、これらの言葉が、ラインの人々にとって非常に印象の悪いものになっているという点である。それは、人事部から押しつけられた「やらされ感の漂う学び」「負担感のともなう余計な仕事」のように理解されていることが多い。

それならば、いっそこれらの言葉の利用をやめて、「OJTといわない現場の学び」「OFF-JTといわない現場を離れた学び」を自由に構想し直す方がよいのではないか、と私は思う。「OJTは現場の人がするもの」「OFF-JTは人事がするもの」という固定化された役割意識も、この言葉を利用しなければ崩すことができるかもしれない。

OFF-JT、OJTという手垢にまみれた言葉の使用をやめて、虚心に、自社の「現場の学びのあり方」「現場の学びのあり方」を見つめ直すとき、そこに、「新しい育成のあり方」が出現するものと思っている。

よりよい企業研修のために○金井

中原さんがこの「私の教育論」というコチコチの考えの弊害に厳しく警鐘を鳴らすのは、とかく人材育成・人材教育の世界には、「持論のお化け」みたいな人、教育の歴史や理論からあまり学ぼうとせずに自身の経験に頼り、フォークセオリーのみを語りたがる人が少なくないからだろう。本来なら一番勉強していなければならないはずの人たちが一番勉強不足というのは、たしかに皮肉な現象ではある。

もちろん、まっとうな人材育成担当者は自身の経験を踏まえつつ、直感的にかもしれないが、学習理論にかなった育成や教育の仕方を探っている。ただ、そういう人の中にも、中原さんたちの『企業内人材育成入門』を読んで「すごく有益な本だ」とひとしきりほめた後で、「でも、だいたい知っている内容なんですよね」と言ってのけた実務家がいた。その人は優れた人事のベテランなのだが、最後のひと言が出てしまうあたりがいかにも惜しい。

実際の企業研修では分析が決定的に不足しているという中原さんの指摘も、もっともだと思う。私も研修にはよくお呼びがかかるし、意味あるものにはコミットする方だが、こちらが何か提案しようにも、ニーズ分析が行われていないとなかなか言いにくい。研修後の評価も、きちんと行っている企業は少ないのではないだろうか。

例外は、もうかなり前にある金融関連企業の入社一〇年目の社員を対象とした研修に招かれたときのことだった。例年その研修のメインコンセプトは「戦略」で、受講者を平日五日間ほぼカンヅメにして、ケースをがんがん詰め込んでいたと聞いた。研修子会社の社長も研修講師も「若い頃から戦略を考えるのが大事だ」という「私の教育論」の持ち主だったようだ。

その研修の講師を引き継いだ私は、プログラム全体の設計を担当するにあたって、戦略の勉強があってもいいけれども、戦略一本槍はおかしいのではないかと意見を述べた。たまたま本番まで時間の余裕があったので、担当者に頼んで受講者にヒアリングをしてもらったところ、やはりニーズに合っていないということがわかった。受講者たちの間からは、なんといっても一〇年この業界で勤め上げた自分とは何なのかを考えたいだとか、久しぶりに会う同期たちがどう育っているかを見て、わが身を振り返りたいなどの声が出ていた。

そこで私は、戦略の講義をあえて大幅に減らすことによって、それを際立たせるようにプログラムを組み直した。一日目は、自分を見つめるセッションとし、二日目は、別業界の一流の経営者が課長だった頃の話を素材にしたケースを読んでもらい、三日目で、ようやくその会社の戦略を学んでもらった。さらに四日目には、業界全体を俯瞰するセッションをやり、最終日の五日目には、もう一度、視点を個人に引き戻してもらうため、キャリアアンカーのセッションを試験的に実施した。三、四日目の戦略分析・業界分析は、受講者それぞれが自分の生き方・働き方とつなげて学んでこそ、生かされると考えたのだ。

初日の私のセッションでは、夏目漱石が一九一四（大正三）年に学習院で行った講演の記録『私の個人主義』を教材に使った。

漱石は、この講演の中で、大学で英文学を学んだものの、卒業してからも、教師になってからも、自分が何をしていいのか見当がつかずに懊悩《おうのう》した自分について語っている。イギリス留学中も陰うつな日々は続いたが、ある日、ロンドンの下宿で、文学とは何なのかという概念を根本的に自分でつくり上げる以外に自分を救う道はないのだとようやく悟り、「自己本位」の四文字にたどり着いたのだという。そのときの気持ち、自分がなすべき生涯の事業がわかり、不安が消えたときの心境について、漱石は「鶴嘴《つるはし》をがちりと鉱脈に掘り当てたような気がした」と述べている（『漱石全集第十六巻』岩波書店、一九九五年）。

このエピソードを素材として、私は受講者の方々に、働く中で似たような瞬間があったかどうかを話し合ってもらった。会社で一〇年も働いていれば、営業の人なら、売り上げの数字が目標通りにいかなくて嘆いたことがあるだろうし、開発の人なら、なかなか新製品につながるアイデアを出せなくて悶々としたことがあるはずだ。だが、漱石ほどの仕事人でも、最初から「鉱脈」に鶴嘴を当てられたわけではない。そんなやりとりの中から、受講者それぞれに自分を見つめ直してもらおうと試みた。

また、このときの研修には、私の大学時代の先輩でもある臨床心理学者の倉光修さん（現東京大学教授）も招いた。倉光さんが行った集団粘土造形のエクササイズは非常に印象深かったので、参考までに紹介しておこう。

まず受講生は七、八人ずつのグループに分けられ、一人当たり二キロほどの粘土を受け取った。次に、グループごとにメンバーの投票によって造形のテーマを決めた。それからテーマにそって、メンバー個々が自由に粘土で作品を制作した。その間、グループ内での言語によるコミュニケーションは禁止された。

作品が完成すると、メンバー同士で、お互いにどんな気持ちの動きがあったのかが話し合われた。そしてグループごとに場所を移動し、五〜六分かけて他グループの作品に手を加えた。最後は再び自分たちのグループに戻って、作品を完成させた。この時間は一〇分ほどで、今度は会話が許された。

倉光さんによると、このエクササイズでは、集団の目標となるイメージと個人のイメージをいかに折り合わせるかということと、集団のメンバー各人の個性的な反応がいかに全体として統合されるかということの二点が重要なのだという。一般的に初めのうちは、個々人が思い思いに作品をつくり出すのだが、次第にそれらの作品が互いに関連性をもち始めるのだそうだ。

統合は、他のグループによって改変された作品をもう一度完成させるときに一層生じやすいのだという。たとえば、このときのセッションでは、あるグループが「混沌」をテーマに作品をつくった。最初はメンバーそれぞれが抽象芸術風のいろいろなオブジェをつくっていったのが、他グループによる大幅な改編（というよりほとんど破壊）がなされ、作品群はすべて形を失ってしまった。「混沌」グループでは、ぐしゃぐしゃにされてしまった粘土を一つの円形にし、最後に中央に向かってメンバー全員の手形を入れた。ここにおいて、「混沌」

集団粘土造形のエクササイズで完成した作品（倉光修「アイデンティティーの変容と個性化——創作活動が示唆するもの」『ビジネスレビュー』第37巻第4号、1990年より）

は昇華され、「個性の統合」が達成されたと倉光さんは見ていた。なお、このエクササイズの詳細は、倉光さんの論文「アイデンティティーの変容と個性化——創作活動が示唆するもの」『ビジネスレビュー』（第三七巻第四号、一九九〇年）に詳しい。（上掲の図）

中原さんは「なんとなく研修」の悪い点として、「なんとなく結果もよかった」で片づけられる点を挙げた。これについては、私もかねがねそう思っていた。研修後のアンケートは、所詮、選挙の出口調査みたいなもので、受講生にしてみれば答えておしまいで、後には何も残らない。中にはややこしい宿題を出すのが好きな人材育成担当者もいるが、どうせそこまでするのなら、きっちり試験をしてもいいのではないかと思う。むろん、講師と受講生が「共犯関係」を結ばないように注意が必要なのは言うまでもない。

思えば、私も粘土こそ使ったことはないが、研修の終わり方は正解を言ってすっきり終わるのではなく、努めて持論をもって自分の解を探すように、あえて不気味に、余韻をもって研修を終える、あるいは新しい世界を開始してもらえるように留意している。

企業の人材育成担当者と講師との関係で言うと、自分で言うのも変だが、講師に大学の教員が多すぎる。企業側が、大学教員がもつ「高邁な理論」を現場に落とすのが研修だと思っているのだとしたら、研修は大学と現場をつなぐただの「導管」でしかなくなる。そこから本当に大人の学びが生まれるのかと問う中原さんの意見は的を射ている。

一斉講義にまつわる絶望的なデータについても、私は大学教員の一人として自覚的でありたい。五カ月後には講議で学んだはずのキーワードの記憶が三割弱にまで減る。ならば、私たちが大学や研修で下手な一斉講義をやった場合、終わって半年もたったら、学生や受講者は「金井はモティベーションとかリーダーシップとかなんとか言ってたなあ」ぐらいのことしかおぼえていない可能性もあるわけだ（泣くに泣けない話だ）。少人数のゼミならともかく、大教室での講義に対話や内省の仕組みを取り入れるのは簡単ではないが、一斉講義をしたがる教員は、心のどこかでその楽さに逃げているところもある。そのことは、教員を講師に呼ぶ企業側も心しておくといいだろう。

コーチングの会話例は役に立つか○金井

コーチングにまつわる話も出てきたので、補足的に意見を述べておこう。神戸大学のＭＢＡコースでは、二〇〇八年度に、そしてこの二〇〇九年度もコーチ・エィの伊藤守さん（代表取締役会長）と鈴木義幸さん（取締役社長）に正式に開講していただいた。受講者の評価は非常に高く、いくつかの項目で全科目中の最高点をマークした。

私もお二人の講義を通じて、働く現場に学びの機会を増やす上でコーチングが有効に働きそうだという可能性を体感できた。もともと実践的であることをめざしている組織行動論（私の専門領域）をより実践的な場面で応用してもらう上でも、パワー行使、交渉力、リーダーシップといった流れとは別個の、しかし両立する流れとしての適切なコーチングは、うまくいけば二重ループ学習につながることを確認できた。

ただ、コーチングでちょっと気になるのはその手法で、あまり会話例に頼りすぎるのはよくないのではないかとの危惧もおぼえている。

たとえば、上司から部下に「君はどう思う?」などと尋ねるオープンクエスチョンや、「君がここまでやってくれて僕はうれしい」といった私(I)を主語にするIメッセージは、上司と部下の良好な関係を保つ上ではたしかに正しい。

だが、研修で遅ればせながらコーチングを習ったマネジャーが職場に戻って、会話例を習った通りに部下に対して使ったとしても、生半可なのが見え見えで、とても通用しないのではないだろうか。おぼつかない調子で「君がここまでやってくれてうれしいよ」と言う課長に対して、部下が「おっ、課長、Iメッセージで来ましたね」とやったら、目も当てられない(すかさず「そこまで気づいてくれて、僕は本当にうれしいよ」と言えたら、その課長のコーチングは本物だ)。

会話例の豊富さはコーチングの強みであり、リーダーシップの研究や研修には見られない特長だ。私自身は、リーダーがここぞというときに発するひと言や、リーダーになった人がかつて上司に言われて印象深いと感じた言葉の例などを、もっと収集しておくべきだと思っているが、リーダーシップは学者が研究する領域だからか、会話例は軽視されやすく、蓄積もほとんどない。

コーチングはその対極で、やたらと会話例ばかりが載っている本も出ている。そこが悩ましいところで、クックブック（料理本）はあった方がいいのだろうが、使う側が基本レシピに頼ってばかりだったり、「こう言えば決まり」「こう言ったらイチコロ」といった感じでマニュアル化が進んでしまうと、せっかくの効果も薄れるように思う。そこらは、経営学の中の組織行動論につながった方がいいと思う。

ともあれ、中原さんが早くから注目しているワークプレイスラーニングに彩りを添える意味でも、適切なコーチングの技法や、先ほど話したプロセスコンサルテーションが、職場での学習の促進にもっと役立つようになってほしいと私は希望している。オンゴーイングでリアルタイムで、なおかつ相手を依存的にしない工夫のある学習支援のあり方に、私自身も理解と実践を深めていきたい。

講演は、依頼する側とされる側の協同作業●中原

研修の講師に大学教員が多すぎるとは私も感じていた。加えて言うと、私は講演の依頼のされ方に困惑をおぼえることがしばしばある。

私のもとに講演依頼が舞い込んでくるとき、依頼者はよく、「好きなテーマで話して下さい」「思うところを聴衆に投げかけて下さい」などとおっしゃる。それでいいじゃないかと読者は思うかもしれないけれども、私はこのような依頼のされ方が一番困る。

なぜならまず、「学習を伝達ととらえる考え方」を脱構築したいと願う私にとって、「好きなテーマで話す」ことや「思うところを聴衆に投げかける」ことは、自分のあり方や研究における信念の否定につながりかねないからだ。

そして、より大きな理由は、そのような依頼のされ方で講演をお引き受けしても、その講演はオーディエンス志向の場にはならないのではないかと思ってしまうからだ。

私自身は講演を依頼する側にもよく回るので、気をつけているのだが、講演に登壇する側の人間はたいていの場合、依頼を受けるまで、その会の趣旨やオーディエンスの属性を知らない。何人ぐらいの聴衆が集まる予定で、その人たちは何歳ぐらいで、役職は何で、男女比はどうで、既有知識はどのくらいで、どんなことに興味や関心があって、なぜそこに来ていて、何をしたいと思っている人が多いのか。こうした情報を知っているのは、多くの場合、講演を依頼する側である。もちろん講演者は依頼者から、そういう情報を訊くことはできるが、単に訊いただけでは、オーディエンスの詳細まではなかなかわからない。

つまり依頼者と講演者の間には「情報の非対称性」が存在する。講演する内容については講演者がよく知っているかもしれないが、その会のこと、会に来ている人たちのこと、会の目的や成り立ちや雰囲気は、依頼者がよく知っている。

だから、オーディエンス志向の場、よい気づきの場をつくるためには、講演者と依頼者が協同で講演を創造する位置に立つことが重要となる。依頼する側の人にはぜひ、「この人に話をしてもらうことで、依頼する自分自身は、どのような問いを聴衆に投げかけたいのか」とか、「この人に登壇してもらうことで、依頼する自分自身は、この場をどういう場に構成したいと願っているのか」といったことを考えてほしいし、そういう思いを、講演する私たちにも教えてほしい。講演の依頼とは、講演する側と依頼する側にコラボレーションを成立させることであり、比喩的に言えば、講演は、依頼したり依頼されたりするものではなく、依頼する人と依頼される人がパートナーシップを結んでともにつくりあげるものではないかと私は思う。

「病院」のような研修棟●中原

企業の研修のあり方を問うにあたって、研修施設の物理的な学習環境とそのクオリティについても話しておきたい。

私はこれまでいろいろな企業の研修施設を訪問してきたが、学習者中心の発想できちんと考え抜かれた学習環境デザインがほどこされている施設は、非常に限られているように思う。建物によっては、病院を思わせるかのように壁が白く塗られ、陰うつな雰囲気を漂わせているものもある。教室はたいてい、開放感がなく、融通もきかないし、落ち着けない。教室内のファシリティも、講師にとっての研修のしやすさを優先した形が多い。全体的に、学習者が自由に活動する場というよりは、学習者を統制しやすい場としてデザインされている。

先ほど、私はインストラクショナルデザインに言及した。学習研究にはもう一つ、「学習環境デザイン」と呼ばれる重要な考え方があり、これは、学習者が多種多様な学習資源にアクセスできるように、空間的・社会的デザインを施すことをいう。

学習環境デザインを考える上で知っておきたい言葉に、「アフォーダンス（affordance）」がある。もともとは、生態心理学者ジェームズ・J・ギブソンがつくった概念で、「環境に存在する、行為や認知を誘発する資源」を表す。

たとえば、目の前にドアがあるとしよう。私たちは誰から教わるともなく、そのドアは引くと開くのか、押すと開くのかを即座に判断できる。判断した通りに開くドアは「よいアフオーダンス」を提供している。そうではなく、引くのかと思いきや押すのが正しかったり、押してみてから引くのだとわかるようなドアは、「悪いアフォーダンス」を提供している。

アフォーダンス理論は、九〇年代の後半ぐらいから、生態心理学の基礎理論を超え、社会のさまざまな領域に影響を与え始めた。そのひとつがデザインの領域である。より使いやすい人工物をデザインするためには、どのようなアフォーダンスを提供すればいいのか。デザインを専攻する人々がアフォーダンスを学び始めた。こうした動きに貢献したのが、カリフォルニア大学の認知科学者であるドナルド・A・ノーマンである。ノーマンは著書『誰のためのデザイン？』（野島久雄訳、新曜社、一九九〇年）によって、アフォーダンスをデザインの問題に関連づけて普及させた。

その後、アフォーダンスは、デザインの領域を超え、学習環境デザインの領域にまで拡張してくる。研究者らの間で、人の学びに影響を与える教室の「しつらえ」に関心が集まり、教育学と建築学のコラボレーションによるラーニングスペース研究が盛んになった。

たとえば、典型的な教室として、教室の前に教卓があり、学習者が利用する机と椅子が床にボルトで固定されているという部屋がある。戦後つくられた大学などの高等教育機関では、この種の教室が本当に多い。こうした教室で、協調学習やワークショップを実施しようと思ってもなかなか難しい。学習者が対面状況になることは難しいし、グループの人数に応じて机をフレキシブルに組み替えるということもできない。学習環境は、そこで起こる「学習のクオリティ」に大きな影響を与えてしまうのである。

私がよく知る研究者も、こうした仕事を多く手がけている。研究室の先輩である美馬のゆり・公立はこだて未来大学教授は、同大学の校舎・教室を設計した。同僚の山内祐平・東京大学大学院情報学環准教授は、東京大学情報学環・福武ホールなどをデザイン・運営している。大学院時代からの先輩であり、盟友でもある西森年寿・東京大学特任准教授は、林一雅特任助教らとともに、東京大学駒場キャンパスにて、「駒場アクティブラーニングスタジオ（KALS）」とよばれる「スタジオ型教室」の運営に携わっている。みな、教育学の研究者たちである。（次ページの写真）

最近では企業においても、人材育成の観点から、オフィス環境を見直している人がいる。潮田邦夫さん（コムシス情報システム社長）はそんな一人で、フリーアドレス型のオフィスの提案・実装に取り組んでおられる。個人が自分の意図をもって自席を選ぶフリーアドレスは、コストダウンを主目的に進められる場合が多いが、潮田さんたちはこれを「クリエイティブオフィス」と名づけ、職場をコミュニケーションの場、新しいアイデアを出す場、人を育てる場に変えようと試みておられる。

「オフィス環境の見直しで重要なことは、人の働き方を変え、人の行動を変え、人の学び方を変えること、そのための環境を準備することだ」と潮田さんは語る。その一方で、「人材育成にかかわる人たちは、オフィスのことは自分の仕事とは関係ないと思っているのではないか」と厳しい見方も示しておられる。

KALS（駒場アクティブラーニングスタジオ）。まがたまテーブルを組み合わせて、2〜6人のグループワークが可能（Ⓒ東京大学）

潮田さんが指摘する通り、通常、オフィスにかかわることは総務部門の管轄とされ、人材育成部門はかかわらない。そのため、現状の流れのままだと、オフィス改革はコストダウンの観点のみによって進められかねない。だが、既述したように、働く人々の学びや成長の七〇％は現場で起こる。別の言い方をすれば、学習の場は、研修施設や教室に限局されない。

潮田さんの試算によると、平均的なビジネスパーソンはその生涯で一〇万五六〇〇時間を職場で過ごすのだという。家庭での自由時間は一〇万二二〇〇時間、睡眠時間は一四万二六〇〇時間で、つまり人生のざっと三分の一はオフィスにいる。この数字を見るにつけても、労働環境であり学習環境でもあるオフィスのあり方に、もっと注目が集まってもいいのではないかと私は思う。

内省や対話のために足りないもの○金井

内省や対話を重視する研修をつくるのであれば、物理的な仕掛けがもっと考慮されてもいいのではないかと私も思う。企業人材育成が、学習環境デザインの考え方を取り入れないまま、行われているのだとしたら、ずいぶんもったいない話だ。

実際のところ、研修に際して、机と椅子の並べ方一つとっても、人事部の人たちは「学校の教室みたいにしますか、コの字型にしますか」ぐらいのことしか選択肢をもたない。机をなくして椅子を馬蹄形に並べ、受講者みんなが近寄ってひざ詰めで座るだけで、場の雰囲気はずいぶん変わるのだが、そういった知恵が、企業研修の場ではいまひとつ生かされていない。建築家の安藤忠雄さんは、最近、神戸大学で講演したとき、満席になりかけると演壇の周りの床に学生に座ってもらった。これがけっこうよかった。慶應の金子郁容さんも、研修実施者だけでなく、受講生にも自由に座ってもらっていた。また、レイアウトの話ではないが、松岡正剛さん（編集工学研究所所長）は、研修の5日間の最終日に全セッションのビデオを編集して振り返りの瞬間を演出する際、「しつらえ」「ふるまい」「おもてなし」をあわせて平安遷都一二〇〇周年のキーワードにした。

アウトワードバウンドと呼ばれる身体を使うエクササイズも、日本の企業研修ではまだあまり見られない。例外的によく実践しているのは、学者の中では米倉誠一郎さん（一橋大学イノベーション研究センター・センター長）で、私もよく同席させてもらったことがある。チームビルディングのエクササイズとして非常に効果を上げているように見えた。

それでも米倉さんが、たとえばはしごの何段目かに乗った人をグループで支えるといったトラストビルディングのエクササイズを研修で試そうとすると、必ずといっていいほど人事部の担当者からストップがかかる。ケガ人が出ると困るからだろう。ケガのないように気をつけることも大切だが、座学の合間に安全で発想もはずむフィジカルなエクササイズを取り入れる効果にももっと目を向けてほしいものだ。スクールとしてこの手法を上手く活かしているのは、一橋大学のＭＢＡ（国際企業戦略、ＩＣＳ）が代表格のようだ。

受講者により深く内省してもらったり、社員同士の間にある壁を一気に取り払いたいのなら、オフサイトミーティングも有効だろうと思う。ただし、やるからには本当にオフサイトでやることが大事で、企業の研修所や都会のビジネスホテルを使うよりは、もうちょっと日常を離れた場所、できれば近場でもいいから、わざわざ出かけていく方が趣旨にかなっている。発想を変えたり、普段より大きく深く考え、ダイアローグするなら、場を変えることがやはり大切な鍵を握っている。

アンプラグドラーニング●中原

何度も紹介してきた富士ゼロックス総合教育研究所の調査からは、企業の若手や中堅は、「将来についてのダイアローグ」をすることによって「内省支援」や「精神的支援」を得ているとの結果が読み取れた。だが、業務について話し合うのならともかく、将来について職場で話し合うのは、そうたやすくない。たとえメンバーの間に話し合いたい気持ちがあったとしても、勤務時間中の対話は、どうしても日常業務や納期の迫ったタスクをどうやっつけるかといったテーマに終始しがちとなる。そうならないための話し合い方の一つとして、オフサイトミーティングは有効だと私も思う。

私は自分がやってみるまでは、オフサイトミーティングの有効性にやや懐疑的だった。たまたま、ある研究会に誘われて、東京都心から二時間ほど離れた郊外で開かれたオフサイトミーティングに参加したとき、目の前に山積した仕事から距離をおくからこそできる内省の深さを知った。そのときの会では、集まった研究者たちが「人と組織の学びの未来」をそれぞれの立場から話し合った。私たちにとってはきわめて根源的なこの問いを、ふだん大学にいるときよりもかなり深く考えられた。

通常の会議ではゴールが設定してあり、アジェンダにそって話し合いが効率的に進められていくが、オフサイトミーティングにはゴールもアジェンダもなく、話し合いは通常の仕事モードとは違うモードで行われる。モードをよりはっきり転換するためには、やはり環境を変えるのがよくて、私たちの場合で言うと、携帯電話が圏外になってしまう郊外に出かけ、あえてメールやインターネットに接続しないようにした。周囲を見渡せば四方に自然が広がっていた。そんな環境が私たちのミーティングによい効果をもたらしてくれた。

あまり愚痴を言っては、民間企業や役所で働く人たちに叱られるかもしれないが、法人化以降の大学はどんどん忙しくなっている。授業があって、会議があって、ゼミがあって、また会議、会議、会議……。その間に次から次へとアポが入り、朝から晩まで息をつく暇もない。そんな中、最も犠牲になるのは「自分の頭で考える時間」、それも、「根源的な問いにまで立ち戻って考える時間」だ。今後、社会はどう変わっていくのか。教育はどうなっていくのか。自分たちは誰のために何をすべきか。こうした根源的な問いに思いをめぐらす時間がどんどん失われていく。

その点、オフサイトミーティングでは、普段は考えないような問いに、人々との対話を通じて取り組める。日常を離れ、モードを変えて長時間話し込むことで、参加者の間に「私たち意識」も芽生えていく。

それにしても、最新鋭の文明の利器である携帯電話やネットに接続しない、アンプラグド(unplugged)な状況が、贅沢で貴重な時間をもたらしてくれるとは皮肉なものだが、今の時代は、自分たちで意識しなければ、そういう環境をつくれない。アンプラグドラーニングは今後きわめて重要な学習法の一つになっていくのかもしれない。

身体を使った学び●中原

金井さんは「身体を使うエクササイズ」の重要性も指摘なさっていた。これについても私はまったく同感だ。

身体を使った学びには、私たちを取り巻く序列関係や権威関係を容易に逆転したり、平等の関係をつくり出す効果、それと、言葉（ロゴス）から私たちを解放する効果がある。たとえば即興演劇（インプロビゼーション）を活用した研修が、近年、注目を集めつつある。私の知り合いでは、大学学部時代の同期の高尾隆さん（東京学芸大学・特任准教授）が、即興演劇の泰斗キース・ジョンストンに師事し、さまざまなワークショップを地域や企業で開いている。

インプロビゼーションのワークショップでは、身体を使って即興で演技をする。実際にやってみるとすぐわかるのだが、職場でどんなに職位が上の人でも、身体を使った演技となると、できない人はできない。これに対し、職位が下の人でも、身体を使った演技なら、できる人はできる。

また、日常生活において私たちはロゴスに支配されており、世の中にはロゴスを扱うのに長けている人と、そうでない人がいる。しかし、身体を使うインプロビゼーションでは、ロゴスは必要とされない。

自分が保育園や幼稚園に通っていた頃を思い出してみよう。あの頃の私たちにとって、学びとは身体を動かすことであった。身体を思い切り動かすこと、動かせるようになることが学びであり、そういう学びは、多くの場合、「空間」によって分節化されていた。砂遊びをするときは「お砂場」へ、絵を描くときには「図工室」へ、身体を動かすときには「体育館」へ。私たちは、活動に最適な「空間」を選び、身体を動かして学んでいた。「時間」をまったく意識しないわけではなかったけれど、それによって学びが分節化されることはあまりなかった。「時間」はただ緩やかに流れていた。

しかし、年をとるにつれて、私たちにとっては、身体を動かすことではなく、頭を動かすことが学びになっていく。そうすると、「空間」によって学びが分節化されることは少なくなり、代わりに、私たちは「時間」を気にし始める。何を学ぶにせよ、場所は基本的には「教室」で、学びは「時間割」や「カリキュラム」によって分節化され、細切れにされる。「いかに早く」「いかに効率化するか」が問われるようになっていく。

このように「時間」が学びを支配し始めると、学びから身体が失われる。限られた時間の中で、小さな机を前に椅子に座って勉強することが学びになる。

一方、この時期に役割を大きくしていくものもある。それは「言葉」だ。

とくに学びの最初の頃に、発話が果たす役割は大きい。学びとは発話すること、意見を交換することとなる。小学校の教室には、活気のある子どもたちの「声」があふれている。

しかし、その時期も長くは続かない。私たちの知らないうちに、「書くこと」が重視されるようになるからだ。子どもたちの声は失われ、教室には沈黙とけだるい雰囲気が漂い始める。そうすると、学びは「板書をノートに書くこと」と見なされ、テストという「書き物」によって評価されるようになる。「書くこと」が学びを支配し始める。

身体を使った学びは、このように私たちに染みついているロゴスによる学びを相対化する試みでもある。身体というものを活用することで、私たちは、日常の権威関係をときによっては逆転し、ロゴスからも自由になることによって、オープンなコミュニケーションを実現する基盤をつくりうるのではないか、と考えている。

人事はネットワークしているか●中原

そろそろ章を締めくくろう。前出の松尾睦教授（神戸大学）は、企業の研修には「営業のメタファー」が足りないと指摘する。商品やサービスを売るためであれば、マーケティングをして、戦略を立て、商品やサービスをつくって売って、売った後は、商品やサービスがニーズに本当に合っていたか、戦略は正しかったか、売り方はどうだったかなどを検証する。企業で働く人であれば誰でも、そんなことは当たり前だと思うに違いない。

だとしたら、研修を社内に提供するサービスととらえ、人材育成部門をそのための一事業部だと位置づければ、めざすべき方向は自ずと明らかではないか、というのが松尾教授の見方だ。

同様のことを、あおぞら銀行人事部長のアキレス美知子さんは、戦略人事の観点から主張する。人材育成部門が自ら、社内のニーズ分析を基に会社がめざすべき「ありたい姿」を描き、具体的な目標に向かって施策を決めて、人を育てる。会社の組織風土についてもしっかり把握し、事業部門と話す際には、自分たちにやれることとやれないことを明示して信頼感を醸成する。ときには各部門から人を集めて社内勉強会を開いたり、部門を越えた人材育成プロジェクトを仕掛けたりもする。このような「動く人事」が求められているとアキレスさんは言う。

二〇〇九年、私は、社団法人日本能率協会と共同で「人事部門の活動実態に関するアンケート」の結果報告書をまとめた。アンケートはその前年、全国の上場・非上場企業を対象に行われ、人事部門が人事施策の企画・運用・評価のプロセスにおいて、経営者・事業部門・社外などのステークホルダーに対して、どのような活動を展開しているのかを尋ねた（回収数は人事部門一一二社）。

この調査の分析を通じてわかったことは大きく分けて二つある。

一つめは、人事部が行っている活動という概念から見ると、日本企業の人事部には四つの典型的なタイプがある、ということだ。第一のタイプは「動く人事部」。「動く人事部」は、人事施策を回していくために、経営者、事業部門、社外の専門家やベンダーのそれぞれに対して非常にアクティブな活動を行っている。第二のタイプは「内向きな人事部」。このタイプの人事部は、経営者や事業部門にはアクティブな活動を行っているものの、社外には開かれておらず、外部からの情報収集などに疎い傾向がある。第三のタイプは「ヒラメ人事部」。「ヒラメ人事部」は、つねに「上」しか、つまりは経営者のご意向しか見ていない。その活動は、事業部門からは浮いているし、社外にも開かれていない。第四のタイプは「閉じている人事部」。経営者にも、事業部門にも、社外にもその活動が開かれていない。読者のみなさんが、もし、人事部にお勤めになっているのだとしたら、自分の会社の人事部はいったいどのタイプにあたるとお考えだろうか。

この調査でわかったことの二つめは、多くの企業の人事部門は、経営者・事業部門・社員との関係作りを「価値観」としては大切にしているが、「実践」の度合いにはムラが見られるということだった。

具体的に言うと、人事部門の経営者に対する活動は、採用では実践度が高いが、育成では実践度が低い。事業部門に対する活動は、採用への協力依頼、事業部門がもつ問題意識の把握などの形では行われ、また評価・処遇に関しても問題意識の把握や支援が行われているが、育成に関しては弱く、現場任せの様子がうかがえた。

そして当然ながら、これらのステークホルダーに対する説明活動、交渉の活動を進めている人事部門ほど、活動成果に自信をもち、事業部門からの評価も高かった。ただし、事業部門が求める人材の育成の実現度に関しては、事業部門からの評価がやや低く、まだ十分とは言えないこともわかった。

こうした分析結果からも、とくに育成の分野において、「動かない」人事部門の姿が透けて見える。頭では「動くべきだ」とわかっているわけだ。なのに、部門の中で自己完結しがちで「動けない」。

さらに言うと、人事部門は一般的に横のコミュニケーションもあまりよくない。さまざまな企業でよく耳にする話だが、人事部の中では、採用・育成・配置・処遇という具合に機能別に部署が分かれ、それぞれの連絡が書類だけで行われていたりする。だから、採用担当者は「われわれがせっかく採用した人材を、なぜもっとちゃんと育成してくれないのか」と憤り、一方、育成担当者は「われわれがもっと育成しやすいように、なぜもっとよい人材を採らないのか」と不満を募らせ、それぞれの意識やポリシーが統一されないまま、ただ不満だけがくすぶり続けるといった現象が起きる。

東京工業大学の妹尾大准教授（大学院社会理工学研究科）によると、現在の企業が競争優位を獲得するためには、「ポジショニング視点」「資源ベース視点」「動的能力視点」の三つのアプローチが考えられるという。

ポジショニング視点のアプローチでは、利益を生み出すうまみのある市場・セグメントを発見し、自らを位置づける。競争優位を得るために「戦いを避ける」。資源ベース視点のアプローチでは、他社がもたない独自の資源・能力を強みとする。競争優位を得るために「まねされにくい武器をもつ」。そして動的能力視点のアプローチでは、既存資源を進化させていく能力や新しい資源を創造する能力を培う。競争優位を得るために「戦って、勝って、また強くなる」。

言うまでもなく、人材育成の力が試されるのは、三番目の動的能力視点のアプローチだ。このアプローチでは、他社が思いつかないような破壊的イノベーションをもたらすような人材をいかに自社で育てるか、育った人材をいかに自社に引きつけ、組織知を蓄積するかがポイントとなる。

また、この動的視点のアプローチは今後ますます企業にとって重要となっていくだろうと私は思う。すでに大量生産・大量消費の時代は終焉を告げ、企業がマーケットを読んで他社との差異化を図る時代も終わった。企業は今、マーケットをつくる時代の中に置かれている。そしてマーケットをつくれるのは、人しかいない。

人材育成部門は、今、「存在証明」を求められている。人が大事なこと、人を育てなければならないことは、もはやみんなが気づいている。働く人たちの中にも、学びたい、成長したいと願っている人は多い。問題は、誰がどうやって人を育てるかであり、学ぼう、成長しようとしている人たちを、誰がどのようにサポートするかだ。

人材育成部門がその役割を担うと宣言するのなら、「事業部が自前で研修を教育ベンダーに発注するのではなく、あなたたちを通して発注することによる付加価値は何か」という問いに答えなくてはならない。「そういう付加価値を出せる人材育成のプロフェッショナルを、人材育成部門は育てているか」という問いにも答えなくてはならない。

まして昨今のような不況期になると、人材育成部門はコスト削減を迫られる。無駄な研修が減るのは結構だが、不況の先を見据えるなら、会社にとってどういう研修が必要なのか、どういう教育の仕方がふさわしいのかといった議論が、今ほど求められている時期はない。

奉仕型《サーバント》リーダーとしての人事部門○金井

ヒューレット・パッカード（ＨＰ）の社名にその名を残している創業者二人のうち、Ｐさんの方、デイヴィッド・パッカードは、「わが社には人事部はいらない。人事はすべての人の責任であるべきだ」とはっきり口にしていた。必要な人材を雇うのも、その人に仕事を与えるのも、挑戦を通してレベルアップしてもらうのも、評価するのも、要するに人事全般は、経営者の仕事であり、と同時にラインマネジャーの仕事だとパッカードは考えていた。

事実、ＨＰでは創業後約二〇年間、従業員規模が一二〇〇人近くになるまでは、人事部をつくらず、開発の担い手自身が人の採用から配属、育成までに従事していた。

ＧＥに目を転じれば、ジャック・ウェルチは「ＣＥＯの仕事の八〜九割は、人に関する問題だ」と言い、「ラインマネジャーこそが、リーダーを育てるリーダーにならないといけない」とも語った。経営者は次世代経営者を育てなければならない。イノベーターは、イノベーターを育てるイノベーターでなければならない。これが組織変革で辣腕をふるったウェルチの考え方だった。

日本企業にも似たような考えをもつ経営者はいた。かつて神戸大学が関与して創造的人事研究会という連続の会合を開いていたとき、会の有力メンバーだった製薬会社の人事担当役員から聞いたところによると、その会社の社長は「人事は大事だが、人事部が大事だなどと言ったことは一度もない」と話していたのだという。人事の仕事を経営の原点にまで遡って考える必要性を教えてくれる簡潔な言葉だ。

その社長（後に会長）は同社の中興の祖と呼ばれた人物だったが、「人事部がいちばん人を知らない」とも言っていたという。たとえば新規事業を立ち上げるとき、誰にその役目を任せるべきかは、自ら新規事業を立ち上げたことのある経営者や、現場に近いラインマネジャーの方がよくわかっている。人事部は従業員全員のことをよく知っていることになってはいるが、それはファイルに記された人事情報としてにすぎない、ということだろう。

しかし、だったら人事部はいらないのかというと、もちろんそうは言えない。HPに話を戻せば、創業者のもう一人、HPのもう一文字、Hさんことウィリアム・ヒューレットは、同社に人事部ができた後、「人事部の役割は、経営の質を高めることだ」と語った。

研究者の議論では、南カリフォルニア大学のジョン・W・ボードローが、人事部門の人たちには、人事の仕事そのものに関する専門性と、財務やマーケティングなどビジネスに関する知識の両方が大切だと説いている。人事の専門家であるのは当然であるにせよ、人事以外のことがさっぱりわからなければ、他の事業部門とのコミュニケーションもよくならないし、事業部門に対して何かを提案するにしても迫力に欠けるとの見方だ。

また、ミシガン大学のデイビッド・ウルリック（日本ではなぜかウルリッヒとかウルリッチと表記される）は、人事部門の機能があるおかげで一体何がもたらされているのかという観点から、人事部門の役割を、①戦略（やビジネス）のパートナー、②変革の促進者、③能率のエキスパート、④従業員のチャンピオンの四つに整理した（邦訳書は『ＭＢＡの人材戦略』梅津祐良訳、日本能率協会マネジメントセンター、一九九七年）。

後ろの二つ（③④）は、従来の人事部門が担ってきた伝統的役割だ。人事部門は、各事業部門の責任者が個別に採用や給与計算にかかわっていたのでは能率が悪すぎるから、エキスパートとして、それらをとりまとめて処理する。従業員のチャンピオンとは、従業員の声をキャッチして会社のために声を上げられる人という意味合いと理解される。

前の二つは、ウルリックが新たに打ち出した。①は会社の重要な会議に人事部門のエグゼクティブがいつもきちんと呼ばれていて、戦略策定・実施両面でのパートナーになること、②は、他の部門には変化を求める一方で、ついつい自分たちは最も保守的になりがちな人事部門が、自ら変革のエージェントになることをいう。人事部門がそういう役割を果たせば、経営者もラインマネジャーもその存在意義を認めるだろう。

ウルリックの考え方は、アメリカのさまざまな企業に影響を与えている。また、15年ぐらい前から、韓国の大企業における人事部でも早々と必須の知識になっていたと聞いた。鵜呑みにすることはないが、ウルリックの枠組みは、人事部がしていることでなく、人事部が社内外になにをもたらしているかという観点に立つ点がよい。これら四つの役割をそのまま自社の人事部門に当てはめている企業も多いし、自社なりのアレンジを施している企業もある。たとえばP&Gでは、「ガーディアン・オブ・カルチャー」を五番目に加え、理念や組織文化の擁護者としての役割を人事部門に求めている。

私自身は、人事部門にサーバントリーダー（奉仕型リーダー）の役割をもつことを勧めている。サーバントリーダーシップは、一見リーダーっぽくない、むしろその対極のようなサーバント（従者・召使という意味もあるけれど、ここでは「尽くす人」「奉仕する人」とってほしい）が、実現を望むミッションを奉仕の名のもとに掲げ、自分についてくる人たち（フォロワー）に尽くす形をとる。

人材育成も含め人事部門の仕事は、働く人たちに最も近い事業部門のマネジャーがやってできるのであれば、それでかまわないのかもしれない。だが、そのやり方だと、社内のあちこちで不平等が生じたり、各組織がそれぞれ個別最適に走ってしまうおそれもあるから、人事部門は存在している。

ただ、中原さんの調査分析にもあったように、人事部門の人たちは経営者や幹部の意見は比較的よく聞くわりには、事業部門とのネットワークが弱く、そのため、自分たちはえらいと勘違いしてしまったり、逆に自分たちは嫌われ役だとあきらめてしまったりといったことが起きやすい。こうした感覚を変えるのはなかなか難しいだろうが、だからこそ、サーバントリーダーの姿は一つのヒントになるに違いない。

サーバントリーダーに徹するとは、本気で相手の要望を聴けるということだ。「できるからする（ドゥアブル：doable)」の発想によってではなく、自分がいるおかげで「何がもたらされるか（デリバラブル：deliverable)」の発想で行動しなくてはならない。

サーバントリーダーシップを提唱したロバート・グリーンリーフの考え方を普及させる団体の中心人物、ラリー・スピアーズ専務理事は、サーバントリーダーの果たすべきデリバラブルな役割の特徴を一〇点に整理している。これをそのまま人事部門にあてはめると以下のようになる。

①傾聴……社内外の大事な声を積極的に聴く

②共感……社員の声を、傍観者としてではなく共感的に聴く
③癒やし……施策で人を疲弊させ傷つけるのではなく、世話をする
④気づき……従業員の意識を高め、倫理観・価値観に気づかせる
⑤説得……新施策について、その理由や効果をしっかり納得させる
⑥概念化……経営者とともに大きな夢を掲げ、わかりやすい言葉で浸透させる
⑦予見……変化の担い手として、将来を予見、構想する
⑧執事役……執事のように信頼され、目立たぬように日々の支え役となる
⑨人々の成長への関与……人間尊重に加えて人間成長をたえざるテーマとする
⑩コミュニティづくり……社内の人々がお互いを気にかける共同体をつくる

現実には、サーバントリーダーとして振る舞っている人事部門に出会うことはまだ少ない。だが、人事部門の人たちが使命感に燃え、専門性を生かしつつ、ビジネスの問題にもきちんと理解を示して、事業部門を縁の下で支えることができれば、人事部門のサーバントリーダーシップは成り立つ。そう私は信じているし、そのような働きを人事部に期待している。

第5章　企業「外」人材育成

働く大人は社外でも学ぶ●中原

企業の人材育成部門の役割を問い直すだけでなく、従来の企業人材育成の枠組みをいったん離れて「働く大人の学びと成長」を考えていくと、「働く人々が学ぶ場所は会社や組織の中だけなのか」というテーマにも突き当たる。

第2章で私は、富士ゼロックス総合教育研究所による調査の結果を受けて、「働く大人は社内だけで学んでいるわけではないかもしれない」と仮説を述べた。また「日常としての修羅場」を抜け出し、成長する可能性を「越境することによる学習」に見出せるのではないかとも述べた。本章では、これらのことについて詳細にわたって議論したい。

働く大人の社外での学びに関して、その実態や効果を明らかにした研究はまだ多くない。教師研究においては、山形大学助教の酒井俊典さんが、学校外で学ぼうとする教師に関する研究に取り組まれているが、通常のビジネスパーソンということになると、先行研究は少ない。そんな中、荒木淳子・一橋大学大学院社会学研究科特任講師は、キャリア発達の視点からこのテーマに精力的に取り組んでおられる。

荒木さんが着目しているのは、社外で行われる自主勉強会だ。自主勉強会に参加する人は、多種多様な人々に出会うことによって、自分の仕事を説明したり、自社の常識を相対化する機会を得やすく、そのため、自分の現在や将来を問い直す内省が促され、キャリア確立が進みやすいのだという。

このことは、わが身に置き換えてみても納得がいく。たとえば私が大学内の会議か何かで、初対面の先生に自己紹介するとしよう。「僕は大総（大学総合教育研究センター）の教員です」。おしまい。これ以上何も話す必要はない。相手の先生も「あ、そうですか、私は工学系です」とか、「私は情報学環です」などと自分の所属を明かして終わりだろう。

しかし、大学を一歩外に出たら、そうはいかない。「東大に教育研究を行うセンターがあって、私はそこで准教授をしています。研究テーマは〝働く大人の学びと成長〟で、それはどういう研究かと申しますと……」などと色んなことをしゃべらなくてはならない。もちろんいくらこちらが丁寧に説明したつもりでも、相手がすぐに私の研究を理解してくれるとは限らない。「〝働く大人の学びと成長〟って何ですか」と聞かれれば、それに答えなくてはならないし、いきなり「その研究って何の役に立つんですか。必要なんですか」と突っ込まれる場合だってありえる。

そうすると、自分の研究は何なのだろう、何のためにやっているのだろう、世の中の役に立つのだろうか、必要なのだろうかというふうに自ずと内省が進む。今の自分についての内省ができると、将来の自分についても意識しやすくなる。

働く大人たちの自主勉強会は、最近あちこちに生まれている。インターネットやSNS（ソーシャル・ネットワーキング・サービス）やメーリングリストを介して、各地にさまざまな会が発足し、多くのミドルが、多忙にもかかわらず時間を割いて参加している。

これらの自主勉強会を、荒木さんは「成果志向で多様性の小さいコミュニティ」と「非成果志向で多様性の大きいコミュニティ」に分けて見ている。前者は、比較的固定されたメンバーが明確なテーマに向かって活動し、アウトプットを期限内に出そうとする会である。後者は、メンバーの出入りは自由で、テーマは決まっているけれどもあまり明確でなく、活動内容も多様な会だ。荒木さんは、後者のコミュニティ、いわゆる「ゆるいコミュニティ（ゆるコミュ）」の方が、そこにいる人のキャリア確立に寄与することを、調査を通して明らかにした。

なぜ「ゆるコミュ」がよいのかというと、出入りも活動内容も自由なコミュニティでは、参加者は、自分はなぜここにいるのか、何をめざしてここに来ているのかを考えざるをえないからだそうだ。何をしてもいいコミュニティだからこそ、何をしたいのか、本当にそれをしたいのかが参加者自身に突きつけられる。そうした自問自答が内省を呼び起こし、その人が、仕事のあり方や自身のキャリア、あるいは生きていく方向性を見定める機会となる。そう考えると、たしかに「ゆるコミュ」の効用は大きそうだ。

ただし、「ゆるコミュ」の運営には「配慮型のリーダーシップ」が必要になる。多様性の大きいメンバーによるゆるやかなコミュニティは、ともすれば活動が拡散しやすい。さまざまなメンバーの参加を促し、活動へと結びつけるためには緻密なリーダーシップの存在も重要なのだという（『日本教育工学会論文誌』、日本教育工学会、第三一巻第一号、第三三巻第二号に荒木さんの論文が掲載）。

働く大人の社外での学習は、その人が所属する会社や組織での支配的なものの見方、会社や組織の「アタリマエ」を疑い、問い直すような学びを引き起こせる可能性があると私は見ている。

企業人材育成には、ＯＪＴ、ＯＦＦ－ＪＴというカテゴリー以外に自己啓発というカテゴリーがある。しかし自己啓発は、どちらかというと個人が行う資格取得などを意味する場合が多く、「外に開かれた学び」ととらえられることはあまりない。

しかし、本来、大人が視野を拡大するには、何らかの外部性を必要とするのではないかと私は思っている。企業が新しいものの考え方を生み出し、イノベーションを起こそうとするならばなおのこと、今後は、社内と社外の学習の場をうまく橋渡しし、これら二つを環流させるような学びのデザインを考えていく必要があるのではないだろうか。

自身への反省を込めて言えば、私が編著に携わった前掲書『企業内人材育成入門』が、もしも一〇年後にも版を重ねて出版され続けていたら、おそらくタイトルを変えなくてはならないだろう。

ラーニングバー●中原

大人の社外での学びの一例として、手前味噌ながら、現在、私が取り組んでいる活動について話したい。

私は二〇〇五年から、「ラーニングバー」(Learning bar@Todai)という産学協同の公開研究会を企画、運営している。これは、組織学習・組織人材の最先端の話題を扱う研究者と実務家のための公開研究会で、ペースは一、二カ月に一回ぐらい、毎回多彩なゲスト講師を東大に招いて開催している。参加者は私のブログを通じて募集し、会場の都合があるため、抽選で決めさせていただいている。ありがたいことに、ここのところずっと満員御礼の状態が続いている。

テーマは毎回異なり、二〇〇九年で言うと、クリエイティブオフィス、モティベーション、リーダーシップ開発、インプロビゼーションなどを取り上げた。この本の中で挙げたいくつかの事例も、ラーニングバーで講師の方々に提供していただいたものだ。

先ほど私は、講演を依頼する側と依頼される側について話したが、ラーニングバーでは、通常、御出講いただく方と何度かやりとりをしながら、テーマに即したセッションの内容を詰めていく。講師が決まってからセッションの内容が決まるまでに三カ月ぐらいかかることも珍しくない。「何を主張したいのか」「何を問いかけたいのか」「それらの主張や問いかけは、何が新しいのか」といった話し合いを、私と講師の間で重ね、そうした対話の果てに、盛り込むべき内容を見出していく。講師の人は、もしかすると内心いやがっているかもしれないが、私の眼には、みなさん、楽しんでおられるように映る。もっとも「中原さんと会う度に、毎回、宿題が出てくるよ」などと冗談交じりに言われることはある。

ある回のバーの様子を再現してみよう。

会場は東大・本郷キャンパスの福武ホールで、開場は午後五時四五分、スタートまでの時間、会場にはＢＧＭが流れている。

音楽のジャンルは、バーを始めた当初はクラシックにしていたのだが、堅苦しい雰囲気になるのでやめた。次に試したのはロックで、これもノれる人とノれない人に分かれるのでダメだった。最近はＪ－ＰＯＰをボサノバにアレンジした曲を選んでいる。ゆるい感じが会場を包み、メロディに適度になじみがあり、かといって曲調は原曲と違うので親近感がありすぎない感じが、絶妙な効果を醸し出していると私は思っている。

また、会場にはソフトドリンクやビール、ワインなどのアルコール類や軽食も用意されており、参加者たちは手に手にそれらをとって席に着く。飲み物や食べ物は大学院生たちが準備してくれる。食べ物は、いわゆる「乾きもの」の類は避け、おしゃれな食材店のデリやサンドイッチなどを買ってそろえる。

大人の学びは、細部を積み重ねた全体的な環境デザインを必要とする。音楽や食べ物というと、「軽薄」「本質的でない」と見られやすいが、学びにはレディネス（準備）が重要なのだ。そして、レディネスの確保は、学習者が学習環境に足を踏み入れた、その直後から始まっている。音楽が流れる中、大学でアルコールを飲みながら、おしゃれな食事を楽しんでもらうという演出、仕掛けによって、学習者を、まずは「日常」からアンプラグドし、リラックスさせる。その上で、「私たちはこれから学ぶのだ」と意識してもらうのだ。

学ぶためのレディネスを確保するために、私は、「サプライズのある共体験」を用いることが多い。誰もが経験したことのあるもの、誰もが経験できることで、ただし、いつもの「日常」とはやや異なっているもの、サプライズのあるものを、プログラムの一番最初にもってくるのである。

ラーニングバーの様子。下記のページのメルマガ（東京大学 中原研究室メルマガ）に登録を行うことで、ラーニングバーの参加申込メールが不定期に配信されます
http://www.nakahara-lab.net/learningbar.html

たとえば「おしゃれな食事」は、その最たるものである。「食べること」は、誰にでも経験できることである。しかし、ここで、この種のイベントで多用される「乾きもの」や「乾いた寿司」をあえてださないことがポイントである。あまりふだんは見たことがないような食事をあえて準備し、参加者全員に同じような経験をしてもらい、かつ、話題をつくる。「ボサノバ風のJ-POP」も、また共体験のひとつである。昔、誰もが耳にしたことはあっても、まったくそれと同じものではない曲をあえてかける。

「サプライズのある共体験」は、主に、教育の世界では「ワークショップ」とよばれる参加型体験学習の冒頭において利用されることがある。ワークショップは、前述したジョン・デューイの理論、そして社会心理学者であるクルト・レヴィンらの創始した参加型学習の手法であり、近年、とくに教育研究においても注目が集まっている。企業人材育成の領域にも、もっとワークショップ実践者、ワークショップ研究者の知恵が活かされてよいと思う。

さて定刻になると、冒頭、私の方から手短に趣旨説明をする。その際、毎回必ず強調するのは、ラーニングバーは、

①聞く
②聞く
③聞く
④帰る

という場ではなく、

①聞く
②考える
③対話する

④気づく

場であるということだ。

「用意」と「卒意」についても参加者に話す。「用意」はともかく、「卒意」は耳慣れない言葉だろうから、ちょっと説明しておこう。

茶道のおもてなしでは、主人は準備をし、空間を演出し、客を待つ。これを「用意」という。しかし、おもてなしの本質は、主人の側にのみあるのではなく、主人と客がともに、すなわち「主客一体」となって、機転を利かせ合い、場の構成にかかわることにある。これが「卒意」に当たる。つまり、おもてなしは、主人と客の相互行為の中にある。主人と客がともに一回限りの機会に、思いやりをもって取り組もうとする「一期一会」、主人と客の心が通い合う「一座建立」は、こうしたインタラクションによって達成される（『おもてなしの源流』リクルートワークス編集部、英治出版、二〇〇七年）。

ラーニングバーも「用意」と「卒意」によって成り立っている。私たち主催側は「用意」に全力を尽くす。バーがオープンしたら、あとは参加者と一緒になって、みんなで「卒意」を発揮し、ともによい学びの場をつくっていく。

こうした考え方の表れとして、ラーニングバーでは、参加者たちに席の近い人同士で話し合ってもらうディスカッションの時間を設けており、これにかなりの時間を割く。また、バーの最中に携帯電話のメール機能を使って、講師へのフィードバックを集めることもある。その場合、参加者の机の上にはあらかじめQRコードを印刷した紙を置いて、私のメールアドレスを入力しやすくしておき、参加者が講師の話を聞いていて疑問や質問が浮かんだら、その内容をすぐに私宛に送ってもらえるようにしておく。寄せられた質問は、私が即座にノートパソコンでまとめて、共通点の多かったものから講師の方にお答えいただく。

締めくくりには、毎回、私が一〇分ほどかけてラップアップ（まとめ）を述べる。それからもう一度、ラーニングバーの趣旨を話す。「聞く、考える、対話する、気づく」とあらためて順に挙げていき、最後にさっきは出さなかった五番目の趣旨、

⑤　バーの外で語る

をパワーポイントのスライドで大きく映す。

私は、ラーニングバーの参加者たちに、バーを出た後で、まだここを訪れたことのない人、それは同僚でも先輩でも上司でも、あるいは奥様でもお子様でもいいのだが、そういう人た

ちに向けてぜひ、この場で得た気づきを語ってほしいと思っている。本当にわかったこと、腑に落ちたことは、自分の言葉で語ることができる。また、自分の言葉で語り直すことによって、さらにわかること、気づくこともありえる。

さらに言えば、参加者がバーで得た何かは、「参加した私たち」の生の声で語られることによって、ときには内容をさまざまな形に変えながら、さまざまな人々に伝わっていく。それもまた学習のプロセスであり、そうしたプロセスをへて、少しずつ「私たちの企業・組織における学びと成長」が変わり、ひいては社会が変わるかもしれない。趣旨の五番目に「バーの外で語る」を付け加えるのは、そういう希望を込めてのことだ。

なぜバーを開いたか●中原

私がラーニングバーを始めたのは、アメリカ留学がきっかけだった。当時は、MITとハーバードのちょうど中間辺り、ケンブリッジのセントラルスクエアにアパートを借りて住んでいたのだが、毎日が知的興奮に満ちていた。その理由の一つが、両大学のキャンパスのあちこちで開かれる参加型のオープンな研究会の存在だった。そういう場にはさまざまな人が集まり、ワインを飲んだり、フィンガーフードをつまんだりしながら、できたてほやほやの理論やデータや実践の話に耳を傾け、意見を交わしていた。運営に携わるのはだいたい大学の教員で、それを大学院生や各種の企業・団体が助けていた。

大学のミッションは、教育と研究と社会貢献だとよく言われる。前の二つはともかく、日本の大学で「社会貢献」というと、わりと堅苦しくとらえられやすい。「えらい先生」が壇上に立ち、聞く側は「ありがたい話」を拝聴するといった形にどうしてもなってしまう。それはそれで貴重な学習の機会ではあるだろうけど、もう少しインフォーマルに、フレキシブルに、またインタラクティブに、多様な人たちが交歓し合い、ともに知恵を生み出していける場をつくれないものだろうかと、私はマサチューセッツ州ケンブリッジ市の片隅で考えていた。自分が日本に帰ったら、絶対にそのような場をつくってみたいとも思った。

そして帰国後、縁あって東大に職を得ると、早速ラーニングバーを始めた。めざしているのは、産学入り交じって、最先端の話を共有したりディスカッションできる場、研究者と実務家のための学びのコミュニティだ。

ついでに言うと、大学という場所は、社外での学びの場をつくる上での「言い訳プレイス」にもなりうる。バーへの参加者は夕方に会社を出るとき、「これからちょっと大学に行ってきます」と言えば、席を立ちやすいかもしれない。朝の食卓で「お父さんは、今夜は、大学に寄って帰るから」とさりげなく言ったら、子どもに尊敬されるかもしれない。もちろん中身がともなってこそだが、大学が職場や家庭に次ぐ「学びのサードプレイス」として機能するような社会を私はつくりたい。

ラーニングバーを続けるモティベーションについて言うと、一つは、やはり自分の研究のためだ。私の研究は企業の人たちとの共同、協力なしには達成できない。ヒアリングをするにしても、事例を集めるにしても、また調査や研究や開発に取り組むにしても、すべては企業の人たちとのコラボレーションとなる。だから、バーに来られる企業関係者の中で、私とのコラボレーションの可能性や志をもっておられる方と出会うことができたらうれしいし、そういう方々とは一緒に仕事をしたいと思う。

二つ目は、私自身が勉強したいからだ。ラーニングバーは私にとっても学びの場となっている。講師には、この人の話をぜひとも聞いてみたいと思う人をお招きし、前述した通り、準備段階では講師とともに私もかなり勉強をする。テーマに関連する最新の論文も読み込む。バーの開催にあたっては、私自身が知識をアップデートでき、学べている。おそらく参加者の中で私が最も楽しんでいる。手前勝手な物言いになるが、こちら側に知を楽しむ姿勢がなければ、学びの場は楽しくならない。

そして三つ目に、私は、人と人が語り合いながら何かに気づいたり学んだりする光景を見ること、そういう場をつくることが好きなのだと思う。思えば、協調学習や対話による学習は、私が学部生だった頃からのメインテーマだった。大人の学習の領域に進んでからは、ちょっと違うことをやるのかなと思っていたら、結局、同じようなアプローチで研究している。今でもラーニングバーで、参加者たちが真剣な顔をしていたり、みんなの議論が白熱している様子を見ていると、自分はこういう光景が見たかったのだなと思う。そういう光景に出会ったとき、私はやりがいや働きがいを感じる。

弱い紐帯の強み○金井

社会学者マーク・グラノヴェッターは、家族や親友など強い絆で結ばれているネットワークよりも、たまに会う程度の知り合いなどの弱いつながりの方が有用な情報をもたらすことを例に、「弱い紐帯《ちゅうたい》の強み」という説を立てた。

この考えの基になったのは、グラノヴェッターが一九七〇年代に行った調査で、ボストン郊外で働く管理職、専門職、技術者らに、今の職を得るにあたって誰がその情報をもたらしてくれたのかを尋ねたところ、強いネットワークで結ばれた人たち、たとえば大学時代の同級生みたいな人たちよりも、年に一回ぐらいしか会わない知り合いとか、別の地域に住んでいて、名前を思い出すのがやっとぐらいの知人の方が、思いがけない情報を提供してくれていたことがわかった。

強いネットワークの輪の中にいる人たち同士は、住んでいる世界もほぼ同じだから、それぞれがもっている情報や発想が似通っている場合が多い。それに対し、「弱い紐帯（weak ties)」で結ばれた人たち同士は、よりレパートリーの広い情報や意外な発想をもち合うことができる。このことは、社外での学びを考える上でも参考になるに違いない。

もっとも、社外でばかり学んでいる人がいたら、会社にうまく適応できていないおそれもあるから心配だし、逆に、社内ではつらつとしていて上司のおぼえもいいのに、社外の会合に出たら妙にしょんぼりしている人がいたら、それもさえない。先ほど言ったエージェンティックな側面とコミューナルな側面を併せもつ個人が、社外でも継続的に学ぶから有意義なのであって、社内と社外の学びは、うまくブレンドされていてこそ双方が生かされる。

それと、大人の学びには、「面白さ」とともに、軽薄な意味ではない「カッコよさ」が必要だと私は考える。中原さんが学びの場の細部にこだわるのは、おそらくそういう考えもあってのことだろう。カッコいい場で、最先端のトピックスについて面白く学び、そこで得たものを人にもうまく発信できて、職場をよくし、よりしあわせな生き方ができる大人はカッコいい、そんなふうにもっとみんなが思えるような社会になればいいと、中原さんの話を聞いていて思った。

第4章で触れた平安遷都一二〇〇年を祝うフォーラムのキーワード、「もてなし」「しつらい」「ふるまい」によって、相互に関連し合いながら描き出される人と人の関係性が、いわゆる「京風」なのだろうが、私は、これら三つのやまと言葉は、人を育成する場を考える際のヒント、もっと言うと、人と人との関係を扱うあらゆる人たちへの含意をもっていそうだと思った。相手が喜んで下さるように奉仕の気持ちでもてなせること、もてなしがうまく運ぶようにその場をしつらえるのに長けていること、訪問者にふるまわれるものが気の利いたものであること。これらは、ラーニングバーにおいて意識されている細部への配慮にも通じる。

ラーニングバーが「聞く、考える、対話する、気づく、そしてバーの外で語る」ための場であるということは、さらに重要なポイントだろう。このことは読者がラーニングバー以外の場、たとえば何かの講演を聴きに行く際などにも応用できる。読者がミドルマネジャーだとして、周りに伸びてほしい部下がいるのなら、その部下を一緒に講演に連れていき、終わった後、「聴いていて、どう思った？」「うちの職場でどう使える？」「帰ったら誰に話す？」といった対話ができれば、自律性を重んじながらともに学べる協調学習が実現する。

サードプレイスで学ぶポジティブ心理学○金井

大学を「学びのサードプレイス」にすることに関連して、私の活動についても紹介しておきたい。神戸大学大学院経営学研究科は、ゆかりのある特定非営利活動法人・現代経営学研究所（略称ＲＩＡＭ）と共同で、毎年四回のワークショップと一回のシンポジウムを開催し、経営学の諸課題をめぐる理論的視点と実践的視点について、研究者と実務家の双方が目線の高さを合わせて議論し合う場を設けてきた。ワークショップの模様は、会報誌上でＲＩＡＭ会員にフィードバックし、併せて誌面にはテーマに近い論文も掲載することで、理論と実践の最前線を結びつける対話も行ってきた。

ＲＩＡＭが主催するワークショップの企画・運営で、私はわりあい担当に当たることが多い。やりたいことがあって自分から手を挙げることもしばしばだ。私自身は、そのおかげで大学に人を呼べたり、ふだん気になっているテーマをいろいろな人と議論できたり、友達の輪が広がったりするのが楽しくて、積極的に取り組んでいる。中原さんと同様、私自身が一番楽しく学んでいるのかもしれない。わがまま、ひとりよがりになってはいけないが、聞いて下さった方々に奉仕する側のホストが楽しめてなくて、考える機会にならなくて、皆さんに楽しんでもらったり、考えてもらったり、対話してもらったりすることはできない。実は、私も講演、セミナーや研修でさえ、帰りに聞いたことを話し合ってほしいといつも言ってきたので、中原さんのラーニングバーの標語、特に「バーの外で語る」まで入れているところに共鳴してしまう。

最近では、二〇〇九年には、RIAMをベースに、私自身が代表を務めている経営人材研究所も巻き込む形で、「第一期人勢塾」と称する研究会をつくり、私がプログラムディレクターを務めた。会は週末に計八回の予定で開き、関西地方で働く企業の人事部門の人たちが集まり、学び合ってきた。そこでのテーマは、ポジティブ心理学（積極心理学、前向き心理学）の人事や組織への応用だ。八回が終わった後も、第一期塾生の間でずっと対話、会う機会が続いている。そのことをとてももうれしく思っている。

ポジティブ心理学は、もともと無気力やうつの研究の第一人者であるペンシルバニア大学のマーティン・セリグマンが創始した。心理学では、人がもっているネガティブな面はよく研究されているが、人間のポジティブな面があまり深く掘り下げられてこなかった。そんな反省の上に立っている。とはいっても、ポジティブな面は、楽観主義が行動停止につながってしまいかねないようにネガティブに働く種を潜ませており、ネガティブと思われることがポジティブに転じることもある。ネガティブと思われることがポジティブに作用したかどうかの試金石は、「アクションにつながったかどうか」だ。

人勢塾では、ポジティブ心理学を人事の仕事に生かす手立てを参加者とともに模索する。今のような厳しい時代だからこそ、脇はしっかり締めても、ポジティブに前進を続ける、ネガティブな状況から前向きなアクションを起こすような人事や人材育成をみんなで一緒に考えていきたいと思っている。

プログラムの進め方としては、参加者に一回のセッションごとに、まず事前リソース（レポート）を書いて提出してもらい、それらを塾のみんなで共有する。セッションの後には、それぞれの実践の結果や効果、出てきた問題点などを内省した事後リソースをまた書いてもらい、これも参加者で共有する。

うれしいことに、参加者からは「人勢塾で学んだと言うと、社内で話を聞いてもらいやすい」という声も寄せられた。塾で学んだことを、会社にもち帰って、社内で語れば、その人の学習効果も高まり、学びがさまざまな会社に波及する。ゆくゆくは、塾の参加者が学びながら、会社や職場をよりよい方向に変えるためのアクションプランを見つけ出せるようにし、アクションラーニングとアクションリサーチが同時に実現するところまでもっていきたい。

中原さんの活躍を見ていても、働く人たちの学習と、変革のためのアクションと、それらを支援する活動といった前向きな要素が合流しつつある感をおぼえる。この書籍の中での二人のやりとりも、そうした系譜の中に位置づけられるのではないかと思っている。

大人の学びは自律的に広がる●中原

ラーニングバーをめぐっては、会が盛況になるにつれて、参加者が自律的にさまざまな活動を担うようになってきている。

伝え聞くところによると、参加者の中から、自分がコミュニティマスターになって自社内で勉強会を開く人が出てきたり、そうした勉強会を通じて社内教育体系の改善に踏み切った企業もあったりするのだという。バーへの参加をきっかけに、社外にさまざまな人が集まるコミュニティをつくった人も現れているらしい。バーで出会った他社の人たちとの間で話が盛り上がり、新商品が生まれたというすごい話も聞いた。

正直に告白すると、私はラーニングバーを企画したとき、まさか参加者が自らコミュニティをつくったり、バーへの参加をきっかけに新たな活動を展開させるとは想像していなかった。「成人学習理論」「組織学習システム論」「コミュニティ学習理論」などを大学の授業でえらそうに語っていながら、「大人の学びは自律的に広がる」ということを理解していなかった。われながら読みが浅いというか、思慮が足りないというか、とにかく反省させられた。

また、すでに見てきたように、世の中には、こうした動き以外にも、働く大人の多種多様な学びの場が広がっている。さまざまな場を行き来し、楽しみながら学ぶ大人が増えている。こうした学びのスタイルは「越境することによる学習」と呼ばれることもある。職場や家庭以外のさまざまな場へと自らの意志で「越境」することによって、「日常としての修羅場」から一時的にアンプラグドし、新しいものを見聞きし、刺激を受け、知的に興奮し、その都度熟考できれば、よりよく生きることができるのではないだろうかと私は思う。働く大人の学びや成長のもうひとつの可能性として「越境することによる学習」に私は期待している。

「越境することによる学習」は、専門用語では「文脈横断学習（learning across contexts）」などと言われ、学習研究者ユーリア・エングストロームやキング・ビーチらによって近年提唱されている。その考え方によると、人はさまざまなコミュニティ・集団・組織を自ら出たり入ったりしながら、それらの境界を横断しつつ学んでいる。複数の会社・組織を時間的に前後しながら、行きつ戻りつしながら、学習をすすめることを「状況間移動」という。また、ある会社・組織（文脈）に留まりながら、社外の組織・集団（他の文脈）に一時的にアクセスすることを「間接横断」とよんだりする。間接横断には、現在の自分の仕事や活動に、何らかのよい効果をもたらすために、別の活動にアクセスすることなどが考えられる。要するに、自分の今の仕事にメリットをもたらすために、異業種や同業他社のトレンドを把握したり、そこにいる人々とつながりをつくることをいう。

人は、ある組織が提供する仕掛けの中だけで一人前になるのではなく、さまざまなコミュニティや集団や組織を自ら意欲をもって渡り歩きながら、成長していく。また、前に名前を出したウェンガー（一八二ページ）によれば、そもそも人はさまざまな共同体や組織に所属しており（多重成員性）、それらを往還しながら、自分のあり方に折り合いをつけ、学んでいることがわかっている。

たとえば、ある会社に所属しているAさんが、アフターファイブに有志で開いている異業種交流会に通い、そこで出会った人と意気投合し、社外勉強会を実施しているとする。この場合、Aさんには、自宅と会社以外に、社外勉強会という学びの場がある。Aさんの学習や成長は、会社でハードシップに耐えることだけからもたらされるのではなく、社外での勉強を通じて知的にエキサイティングな刺激を受け、楽しく毎日を過ごすことによってもたらされている、と説明できる。

「越境」は、内省や洞察を生み出す。自社の中ではアタリマエだと思っていたことでも、ひとたび組織を離れればアタリマエではないことに気づかせてくれる。

この意味で「越境すること」はアンラーニング（学びほぐし）をもたらす。「自分の日常」とは「他人の驚き」であり、「他人の日常」は「自分の驚き」である。自分の仕事の領域ではいまだ行われていなくて、他の領域では、すでに確立されている考え方や技術にも触れられる。それらをうまく自分の仕事の領域に当てはめ、拡張させられれば、新しいものを創造できるかもしれない。越境によるイノベーションの可能性が開けるのだ。

思うに、大人の学習とは、ある組織に留まりながら、他の組織に一時的にアプローチしたり、他の組織で見聞きしたことを現在いる組織の仕事に役立てたりすることで、もたらされるのではないだろうか。組織の提供する仕掛けの中で学ぶことも必要だと私は思うが、自らの意志と意欲で組織の外を駆けめぐる個人を想定するのは「夢想」に過ぎないのだろうか。

教育学者のパウロ・フレイレは「学ぶとは取り戻すこと、再創造すること、書き直すことだ」という名言を残している。組織の中で奮闘しつつ、時に組織を「越境」しつつ、自らを「取り戻し」、新しい物事を「再創造」する大人に、私はなりたい。

「越境することによる学習」は、研究が始まってまだ間もない。しかしハードシップだけではない大人の学びを想像するとき、そこには、自ら会社を越え、インフォーマルな学びの場を渡り歩く大人の姿が見て取れる。かつて、都市社会学者のレイ・オルデンバーグは「サードプレイス（第三の場所）」という概念を提唱した。「サードプレイス」とは、家（必要不可欠な第一の場所）でもなく、職場（必要不可欠な第二の場所）でもない、都市に暮らす人々にとっての「必要不可欠な第三の場所」を意味する。

オルデンバーグのサードプレイスという概念は、もちろん、直接、教育や学習のことを述べているわけではない。しかし、これにインスピレーションを受け、今、私たちが必要としている「学びの場」について思いをはせるとき、私の脳裏には「学びのサードプレイス」という概念が浮かび上がってくる。

産業能率大学の長岡健教授と私は、前掲した『ダイアローグ　対話する組織』において、「学びのサードプレイス」を「個人の自由意志にもとづいて人々が訪れ、それでいて、他者とのかかわりやコミュニケーションを通じて学ぶ場所」と定義した。それは、「家庭でなされる自己啓発」でもなく、「会社における人材育成」でもない、「第三の学びの場所」である。

私たちには、働く大人が、幾重にも重なりつつ広がるさまざまな「学びのサードプレイス」の住人となり、知識や技能をアップデートしたり、内省によって自己を確認していくイメージが喚起される。

実際、私のあげたラーニングバーや金井さんのあげた人勢塾のみならず、さまざまな人々の手によって、「学びのサードプレイス」は今日も生まれている。たとえば、渋谷の街をそのままキャンパスにしてしまうというコンセプトで開学した「シブヤ大学」も、そのひとつだ。最先端のビジネス、ファッション、ライフスタイルが生まれる渋谷という街を舞台にして、時には表参道ヒルズで、時には国連大学のキャンパスで、渋谷に生きる大人たちが、時には講師になり、時には学生になりつつ、学んでいる。この動きは全国に広がっており、京都カラスマ大学、大ナゴヤ大学など姉妹校がぞくぞくと生まれている。

むろん、会社や組織には、社外に出て自分の専門領域をより深めたり、相対化したいと思っている人々の動きを阻害する要因がまだ多くある。企業人材育成の議論は依然として研修とＯＪＴに集中しがちだし、育成担当者たちの大多数は、社内に人を留まらせる仕組みは考えても、社外に広がる学びのタネにはあまり関心を示そうとしない。

他方、企業の一線にいる人たちの中からは、「前代未聞の課題が増えている。社内の常識や社内にある知識だけではもはや対応できない」「会社のステレオタイプを壊し、新たな価値を生み出すことのできるビジネスモデルをつくりたい」といった声も上がっている。これは、社外で学ぶか学ばないかではなく、もはや社外にも「学びの場」を求めなければ間に合わないという切実な叫びだと思う。

そう考えるにつけ、私はそろそろ、「企業内」に限局されていた人材育成の概念を見直すべきだと思っている。別に社内での学びをなくせと言いたいわけではない。社内の学びは、これまで通り重要だ。企業業績につながる人材育成のあり方は、さらに探究されるべきだと思う。しかし、それに加えて、社内と社外の学びを環流させるような新たな学習のデザイン、働く大人が越境しつつ学べるような社会の仕組みが必要になってきていると思うのだ。

企業「内」人材育成という言葉の「内」が色あせる日は近い。それは「企業内人材育成」を包含しつつ、「企業を越境することで学ぶ大人」を描こうとする「働く大人の学び論」の生まれる「前夜」でもある。

そして、その日は、企業と働く大人が「新しい関係」を築く記念すべき日になる、と私は信じている。

あとがきという名のリフレクション

「あとがき」に筆を進めるとき、私の脳裏に思いうかぶことは、いつも決まっている。一冊の書籍を書き終えたことに素直に喜びや達成感を感じるのと同時に、何か「書き忘れたこと」はなかったのか、という思いである。筆をおこうとしている今も、それが脳裏をかすめた。

本書で私はこう述べた。

あなたは、大人に学べという
あなたは、大人に成長せよという
あなたは、大人に変容せよという

で、そういう「あなた」はどうなのだ？
あなた自身は、学んでいるのか？
あなた自身は、成長しようとしているのか？
あなた自身は、変わろうとしているのか？

そうだ、私は大切なものを忘れている。

本書で繰り返し私が述べたことは、①大人が仕事をしながら内省することは重要であるということ。そして、②その内省が自己に完結せず、他者に開かれたものでなければならないということ、さらには、③内省を通じて人は学び、そして変化することができるということ、である。

本書のタイトルである『リフレクティブ・マネジャー』は他者に開かれた内省と、それを通して自ら変化しようとするこれからのマネジャーに対する私の期待である。

しかし、私は忘れていた。それは自己の主張にもかかわらず、著者である私自身が、いまだ自分の研究のあり方、自分の仕事のあり方に内省を行っていない、ということである。私は大人に対して「内省せよ」と述べた。そうであるならば、私自身が、自分自身に対して内省を行い、それを他者に向けて語ることも、また重要なことであろう。マルティン・ブーバーは、「自分が相手によって変えられるということに私が開かれているのでなければ、相手を変えたいなどと望む権利はない」という名言を残している。

これから、私は「やや長いあとがき」を書こうと思う。それは、「これまでの私自身の研究のあり方」、そして、「今、ここにいる私」を内省する「旅」である。この「旅」において、私は、私自身の短い研究履歴をまず述べる。その上で、現在の私が悩んでいることを述べる。最後に本書の執筆プロセスと謝辞を述べて、結語としたい。

以降の記述は、本書が読者ターゲットに設定しているビジネスパーソンにとっては、明日すぐに役にたつことではないかもしれない。しかし、最後だけ、筆者の酔狂を許してほしい。ほんの少しだけ、私自身の内省に耳を傾ける時間をいただければ幸いである。

▼

話は十数年前にさかのぼる。振りかえってみれば、大学時代の私は決して、よい学生ではなかった。大学に合格したとき、まず頭に去来したのは、「もうこれで勉強しなくてよいのだ、オレの人生は安泰だ」ということである。受験勉強は、毎日十数時間に及んでいた。そんなハードワークにピリオドをうてたとき、「これで、オレは自由になれるのだ」と思った。

大学に入学し、学部時代を過ごし始める。私は「抜け殻」であった。授業を聞いても心の底から楽しめることはなかったし、やがて大学に行くこともおっくうになりはじめた。京都大学の溝上慎一さんの研究によると、「学業に成果を見いだせない大学生は、大学生活の満足度も低い」のだという。学ぶこともせず、かといって、学ばないこともしない。ノリつつシラケ、シラケつつノルような日々を過ごし、最初の二年間を無為に過ごした。

三年生になり、私は教育学部を選ぶ。授業にはあまり関心はもてなかったけれど、それでも、ピンときたのが「学び」という言葉であった。毎日十数時間を勉強に費やした数年間。しかし、一方で学ぶ意味を失い、漂流していた二年間。私という人間を支配するものが、「学び」だということに気づいたとき、学びを振り返ることは、自分の人生の意味を見いだすことのように感じた。かくして教育学部を私は選んだ。

教育学部では、私は人が変わったように学び始めた。授業を聞くときは一番前に座ってノートをとっていたし、たくさんの自主研究会を主宰した。学びを放棄していた人間が、自分の学びをデザインしはじめた。

学生が「自分たちは学びたいから、先生にぜひ助けてほしい」と言ってきたとき、それにイヤだと答えうる教員は限られている。自主研究会には、若い先生方、助手さんを招き、いわばグループレッスンをしてもらっていた。もっとも、研究会後に開催される飲み会にカンパしてもらうことも、その目的であったように感じる。

当時私が指導を受けていた研究室では、新しい学習理論、新しい学習支援のあり方が探究されていた。週末ごとに研究会が開催され、大学、企業をとわず多種多様な人々が、そこに参加していた。指導教員は、学部生である私を積極的にこうした研究会に参加させてくれた。お茶の用意や受付などの仕事を最初は担わされた。研究会の中で交わされている議論は理解できないことも多かったが、次第に専門用語を理解し、また研究者の顔と名前が一致するようになっていった。これは、私の正統的周辺参加のプロセスそのものであったように思う。

研究会のメンバーの方々は、みな熱心だった。みな個人への知識獲得や、そのプロセスを研究していた従来の研究を相対化しつつ、新しい学びのあり方をさぐっていた。

そこで話題になっていたことには二つの特徴があったように思う。

第一の特徴は、主に研究対象とされていたのは、学校ではなく、仕事場だったということである。要するに、仕事場で行われている人々の学習について研究をすすめ、そのエッセンスの中から、学校教育を再び考え直そう、という動きが本格化していた頃だった。こうした潮流は、のちに理論家肌の学習研究者からこっぴどく批判される。しかし、学校教育を学校外の言説をもって相対化しようという動きが、この頃から出てきていた。荒廃してしまった学校教育のルネッサンスに向けて、あえて、学校外の学習に注目することがめざされていたように思う。艦船航行チームの仕事の分業と学習について調べたカリフォルニア大学のエド・ハッチンスの研究、本書でも紹介したリベリアの仕立て屋の学びを描いたエティエンヌ・ウェンガー、ジーン・レイヴの研究、コピー機修理工たちの問題解決プロセスを描いたジュリアン・オールの著作、さらには学びの越境性を論じたユーリア・エンゲストロームの研究などを読んでいた。

第二の特徴は、個人の学びを対象とするのではなく、個人―個人のあいだにおこる学び、いわゆる協調学習に対する関心が高まっていたということである。トロント大学のマリーン・スカーダマリアとカール・ベライター、スタンフォード大学のロイ・ピーらの先進的な研究を読んでいた。

このような研究会に参加するうちに、自分もどのような研究を行うかを決めなければならない段になった。学校外の学習にも興味はあったし、協調学習にも興味はあった。でも、学部生という身分では、なかなか学校外の現場、仕事の現場に入り込んで研究を行うことは難しい。結局、協調学習の研究を行うことにした。卒業研究では、ある小学校に一年間かよって、そこで協調学習のプロセスとそれを実現する教師の働きかけをリサーチした。

そうこうしているうちに、大学院への進学を考える頃になる。ここで、私はひとつの「思い」をいだく。当時、協調学習の勉強会では、海外で実践されているさまざまな試みを読んだり、あるいは、誰かがつくりだした協調学習の進行のプロセスを研究するものがほとんどであった。私が抱いた思いは、シンプルである。自分の手で協調学習をつくりだす仕掛けをつくり、評価したい。誰かのつくったものを分析したり、評価したりするだけでなく、自分の手で、人々が協調しながら学ぶ光景をつくりだしたい、と思うようになった。不遜な言い方をすれば「口だけでなく、手も動かせる研究者」になりたかった。当時、指導教員の定年退官が迫っていたこともあったけれど、当時の大学院では、おそらく、そうした開発研究を実施することは難しそうであった。

大学院は、関西の大学院に進学し、そこで教育工学を学ぶことにした。私の定義による教育工学とは「教育現場における問題発見と問題解決の学」である。この進路選択は、周囲からはまったく理解されなかったし、上級生からはいろいろ揶揄されたが、気にしなかった。大学院時代は、インターネット革命が、世間に押し寄せていた。研究テーマは引き続き「協調学習」のままであったが、大学院では「オンラインで人々が協調して学ぶ仕組みや仕掛け」を考えることにした。

関西で数年を過ごしたあと、幕張にある文部科学省大学共同利用機関の研究センター（現・放送大学）に幸い職を得た。海外留学のすえ、帰国後は、現在の大学に籍をうつした。しかし、ここで、私は、はたと立ち止まった。これまで自分がやってきたことには、それなりの達成感があったけれど、それは自分にしかできないことなのだろうか、と考えた。気がつけば、国内にも協調学習を研究する研究者が非常に増えていた。まったく新しい研究ジャンルをつくりたい、と焦っていた。

これから何をやっていこうか。自立した研究者として、私にしかできないことは何なのだろうか。そこで選んだのが、「働く大人の学び」という研究テーマだった。学部時代に研究会で見聞きしていた「学校外の学習」に、再度チャレンジしようと思ったのだ。

「働く大人の学び」に関しては、学習研究、および、教育学の先行研究として二つの流れがあった。ひとつは、先に述べたように艦船航行チームやリベリアの仕立て屋などの、非常に限定的な狭いワークプレイスに関する研究である。とくに高度専門職やブルーカラーの人々に関する研究は多い。こうした現状を前に、何か自分にしかできないことはないのか、と考え始めた。

二つめの先行研究は、成人学習論の流れをくむものである。その代表格に、アメリカの教育学者マルカム・ノールズがいる。本書でも紹介したジャック・メジロー、パウロ・フレイレなどは、この文脈で頻繁に引用される研究者である。しかし、その研究を読み込むうちに、いくつかの不満も覚えるようになった。成人学習研究では、主に分析対象が社会教育施設や生涯学習施設に限られており、一般的な大人が長い時間をすごす「企業」に関しては、きわめて研究の数が限られていることである。

今から数年前、大学図書館に出掛けた。そのときのことが、今でも忘れられない。図書館には、一年間で生み出される教育学研究の目録がある。企業で働く大人の学びは、数百ページある目録のわずか数ページほど。親指と人差し指でつまんだら、ページが風にゆらゆら揺れていた。

このような先行研究の状況から、この国で働く、いつも満員電車に揺られ、企業・組織で仕事をしているホワイトカラーの方々に向けて、学習研究をすることができないだろうか、と考えるようになった。いつも目にしているビジネスパーソン、そして社会を支えているビジネスパーソンにとって、仕事の中で学ぶこと、成長を実感することとは、いったい、どういうことなのだろうか。これを考えようと思った。

自分のやりたいことが決まった。働く大人の学びを自分なりに研究してみよう。研究室のキャッチコピーを「大人の学びを科学する」にした。

▼

「研究をはじめようと思い立つこと」は、実際に「研究をはじめられること」とは違う。企業で働く大人の学びを研究しようと奮い立った私を待っていたのは、大きな荒波であった。経営学や組織行動論が専門ではない私が、企業の方々にアプローチしても、最初のうちはヒアリングのお時間をいただくこともできなかったし、調査などもさせていただけなかった。

「教育が専門のあなたが、なぜ、会社・組織なのですか？」

それに対する答えをメールに書いても、返事は来なかった。まずは、自分が何者であるのか、何をやろうとしているのか、をアカウントする必要があった。何とかしてこの事態を打開しなければならない。そのために自分には何ができるのかを考えた。

こうして生まれたのが、実務家の方々に利用してもらえる教科書を目指して研究仲間と執筆した『企業内人材育成入門』（ダイヤモンド社）と、さまざまな方々にご出講いただいて開催している定期的な勉強会「ラーニングバー（Learning bar）」である。私としては、企業人材育成にとって、教育の知見も役に立つのだと知ってもらい、今後、研究を進める上での基盤をつくりたかった。

現在では、ようやく調査データが集まり、研究成果をまとめられつつある。神戸大学の松尾睦教授、産業能率大学の長岡健教授など、信頼のおける共同研究者にも恵まれ、私の研究者としての第二のスタートがはじまっている。現在は、「職場」に注目し、そこでの職場メンバーの相互作用（コミュニケーション）と学習と組織の業績の関係について研究を進めている。「協調学習研究」に区切りをつけ、「学校外の学習研究」をはじめたと思っていたのに、気がついたら両者を結びつけるような研究をしていることに気がついた。ここまでが、私の研究者としての短いキャリア（轍）であり、今、この本を書いている私は、この状態にある。

▼

本書を書くことは、私にとって、自分の研究の履歴を振り返ることでもあった。その執筆プロセスにおいて、自分の中には、いくつか解決がついていない問題があることが、よく理解できた。

それは端的にいえば、「企業人材育成のあり方」と「働く大人の学びのあり方」が、時に、ここにコンフリクトをおこしてしまうということである。当初、我ながら浅はかではあるが、ここにコンフリクトが生じうることは、想定していなかった。つまり、こういうことである。

企業人材育成とは、究極のところ「企業の利潤追求のため」に存在する。経営という視点で見れば、人材育成は「経営資源」のひとつであり、成果を増大させるための手段である。企業人材育成の領域においては、働く大人として、どんなに洞察力があり、すぐれた気づきがえられたとしても、それが最終的に企業に利益をもたらさなければ、あまり意味をなさない。経営層や人材開発担当者の観点にたてば、企業人材育成とは、「将来にえられる利得」に対する「投資」であるからだ。むしろ、「気づき」は「企業の利益」のためにこそおこるべきである。企業の利益に結びつかない「気づき」は、経営のロジックからすれば、さして重要なものではない。

しかし、「企業人」であることを離れ、「ひとりの働く大人」として、自らの学びを振り返ると、話は単純ではなくなる。企業人材育成としてはOKであっても、働く大人の学びとしてはNGである、という事態が容易に起こりうる。逆に、働く大人の学びのあり方としてはOKであっても、企業人材育成としてはNGであるという状況も生まれうる。

前者の状況はこういうことだ。たとえば、今、あなたが、新人研修を通じて、その企業に独特の価値観や思考形式を身につけたとしよう。そうした価値観や思考形式があるからこそ、日々のルーチン作業が特段の認知的資源を必要とすることなく、自動化して実行できる。しかし、そうであるからこそ、あなたは多くのものを失っている。いつの間にか、その会社風にものを考え、その会社風に語ることを覚えている。社外の感覚、一般消費者の感覚など、さまざまなものを失っていく。視野は狭くなっていき、使用する言葉も、その会社でしか通用しないジャーゴンを身につける。企業人材育成の目標が「うちの会社の人になる」という意味では成功だが、勤める企業を離れ、一人の働く大人として自分の学びを振り返るとき、本当にそれでよいのか、ということが言える。

後者の状況はこういうことだ。たとえば、ある人が、社外のさまざまな勉強会に出て、他の領域で最先端の技術トレンドを学んだとする。その技術トレンドは、現在勤めている会社の事業の枠組みを明らかに超えているが、その人は、それを会社のために役立てたいと思っている。もちろん、「自分は視野が広がって成長した」とも思っている。しかし、職場の上司や同僚はそれを快く思っていない。むしろ、やや低迷している既存の事業、既存の技術を改善してほしいと願い、そのための技術やスキルを獲得することを希望している。会社の枠をはみ出て学ぶこと、活動することは、「ひとりの、働く大人の学び方」としてはコレクトかもしれないけれど、会社の観点からすると、必ずしもよいことにはならない。自分としては「成長した」と思っていても、会社の目からすれば「あいつはまったく成長していない」

ということになる。

つまり、私の「煮えきらなさ」は、ここに生まれる。私は「企業人材育成」を研究しているのか、それとも「働く大人の学び」を研究しているのか、どちらの立ち位置にいるのか、時にわからなくなるのである。

既述のように、私は、もともと教育学のバックグラウンドをもち、そこに軸足をおいた上で、企業・組織・経営の世界に越境してきた。「教育学」か「経営学」か、どちらか一方に「立ち位置」があるならば楽なのかもしれないけれど、すでに両足はそれぞれ「違う場所」に位置している。この「ねじれ」の中で、時に煩悶する。正直に「自分の弱さ」を吐露するならば、「このねじれを今すぐに解消したい、どちらかの位置に両足で立ちたい」と願う「苦い夜」もないわけではない。

私は、一体何者なのか。
そして
私は、誰に対して、何を語ろうとしているのか。

▼

この問題に対する、あくまで現段階での、私の思いはこうだ。誠に月並みすぎて恐縮してしまうけれど、「第三の道をさぐることなのかな」と思う。もちろん、その「第三の道」が何かを、今の私は、明確に語るすべをもたない。しかし、時間は、まだ三〇年以上もある。今、ぼんやりと思っているのは、企業人材育成の言説を含みつつ、それを包括するような「働く大人の学び論」を構築できないだろうか、ということである。

企業の業績向上にとって「人」の果たす役割はさらに大きくなる。そして、企業の業績向上が、よりよい社会、私たちの暮らしの向上に与える影響は大きい。そのことの重要性は、重々承知している。それに加えて、同時に「企業人」「組織人」としてではなく、私たちが「一人の働く大人」としてよりよく学び、よりよく生きる手段を探求しなければならない、と、私は思う。

社内と社外の学びを環流させるような新たな学習デザインを、企業の中につくりだすための理論的整理を行うこと。そして、働く大人が越境しつつ学べるような社会の仕組みの基礎的デザインを学問として描くこと、それが、私の行うべきことなのかな、と思っている。

The test of a first-rate intelligence is the ability to hold two opposed ideas in the mind at the same time, and still retain the ability to function.

（優れた知性とは、二つの対立する概念を同時に抱きながら、その機能をどちらも充分に発揮させることができる、ということだ）

作家のスコット・フィッツジェラルドはこういう名言を残している（村上春樹訳）。「第三の道」は、誰もが選ばぬ「最も困難な道」なのかもしれない。しかし、この「第三の道」の探求こそが、教育のバックグラウンドをもちつつ、企業に働く大人の研究をしようと願う、私の研究する意味なのかもしれない、と思っている。

本書の執筆を通じて、私は、以上のような内省を行った。

▼

最後に、本書の執筆プロセスをふりかえる。本書執筆のきっかけは、二〇〇七年、金井さんと株式会社神鋼ヒューマン・クリエイトが主宰する神戸の勉強会に、私が講師として招かれたことであった。

当然のことであるが、金井さんのことは、その勉強会以前から、古くは大学院生の頃からずっと知っていたし、いくつかの勉強会で金井さんの論文を読んでいた。不遜な言い方かもしれないが、金井さんのお書きになった数々の書籍を読んで、「この人は、学習研究や教育研究のマインドをもった人だな」と思い、いつか一度お逢いしたいと思っていた。それから十年後、神戸の金井さんの勉強会に、私が講演の機会をいただいた。それから何回かのやりとりの果てに、本書の執筆が決まった。

しかし、執筆がはじまり、私は「とんでもないこと」をはじめてしまったのだな、と何度も思い知らされた。きわめて印象的だった出来事がある。

はじめての会議の際、大阪の某ホテルにあらわれた金井さんは、片手に「大きな鞄」を、もう一方の手には「キャリーバッグ」を抱えていた。中にはすべて本がぎっしり詰まっていた。私は不思議なことをする人だな、と思った。

なぜなら、その日は、朝から晩まで打ち合わせがメインで、夜も会食が予定されており、読書をする時間はない。にもかかわらず、金井さんは本をどっさりと持ち込んで、打ち合わせにやってきた。「その本、いつ、読むのですか?」と訊いたら、その返答に驚愕した。

「少しでも時間があいたら、本を読みたい。一冊を読み終わったら、次が読みたいし、それが終わったら、また次を読みたいから、いつも本を必要以上に持ってきてしまう」

「必要以上の量」が「大きな鞄」と「キャリーバッグ」である。これには驚愕した。

金井さんは、頭のてっぺんから足の先まで「読書家」であり、根っからの「学習者」であった。そして、その知識量は「悪魔的」でもあった。私は己れの浅学さ、浅はかさを恥じた。金井さんの幅広い思考、そして膨大な知識量に圧倒されつつ、何とかついていこうとする苦難の日々が始まった。

本書は、金井さんと私が往復書簡のようなかたちで、学びや仕事を語っている。お互いの主張は必ずしも一致していない。同じようなことを述べていても、細部は異なっているところが多々ある。しかし、それでいいのだと思う。そうした違いが生じるのは、金井さんと私のあいだに、さまざまなバックグラウンドの違いがあるからだろう。経営学と教育学の差、また世代の差、関西人と北海道人の差、いろいろな差がある。

しかし、真の対話とは「違いを覆い隠すこと」ではなく、「違いを愉しむこと」にある。また、問われるのは、違いを通して学びあう関係になっているかどうかである。読者の方を混乱させてしまうところも少なくないとは思うが、われわれの対話プロセスを愉しんでいただけたら幸いである。私自身にとっても、金井さんとの仕事は、最も愉しい時間のひとつであった。本書の執筆は、私にとって、学びのプロセスそのものであった、と思う。

なお、ひとつだけ「言い訳」をしておく。本書の文中で、私は「金井さん」という呼称を用いている。本書では、金井先生から「一緒に仕事をする研究者同士が、○○先生とよびあうのはいかがなものか」というご提案をいただき、文中はすべて「金井さん」に統一している。

▼

最後に謝辞を述べる。本書はさまざまな人々の支援によって成立した。まずは、本書の企画を進めてくれた光文社の古谷俊勝さん、編集、編集協力をいただいた黒田剛史さん、秋山基さん、販売促進に尽力してくれた書籍販売部の宮川真美さんに、心より感謝いたします。また、中原部分の原稿の試読をいただいた山形大学助教の酒井俊典さん、宮崎大学の山口悦司さん、東京大学の西森年寿さん、専修大学の望月俊男さん、東京大学大学院の舘野泰一さんにも感謝いたします。本当にありがとうございました。

二〇〇九年八月二四日　涼夏、本郷の研究室にて

中原　淳

やや長めでおせっかいなあとがき

共著者の中原淳さん

本書を共著で書きたいと思ったときに、私は叫んだ。自分がかつて住んでいた教育学の世界に、すばらしい若手学者がいる、と。本書でも書かれているとおり、教育学は企業の世界を扱ってこなかったので、「覚悟」を決めてここに進出した（三九頁）。すごいことだと思う。しかも、企業へのアクセスが難しいから、まず『企業内人材育成入門』を出版することで信頼を勝ち取り、東京大学でもいろんなイベントを通じて、産業界で活躍する人との交流の輪を広げている。その実行力がまた並外れている。それでいて、学問への姿勢は真摯《しんし》で謙虚なので、将来がいっそう楽しみだ。中原さんとは、年齢も、世代も、所属も違う。そのために、考えが違うところもあるが、それがまた対話する意味でもある。企業内教育に、仕事の場での経験を通じての学習に、学校を出て以降の人の発達に、力強く発言する人がいるのは心強い。中原さんには、熱意があり、配慮があり、自らも成長エネルギーをいっぱいもっている。周りの成長も刺激し、それを一人、あるいは少数の世界にせずに、広げていくパワーをもっている人だ。

自分もまた、教育学部出身であるので、ノスタルジーも間違いなくあったと思う。臨床心理学をめざして教育学部にいったのに、落ちこぼれて経営学やっているのかと言ってくる人には当時は困ったものだ。今では、教育学部にいたおかげで、周り中、人の発達に深い興味をもつ教育学者たちに囲まれて過ごした四年間があったことをうれしく思う。経営学の中でキャリア発達の研究が市民権をえるようになったが、そのテーマの大切さに気づかせてくれたのも、このバックグラウンドのおかげだと思う。

ノスタルジーだけでは、もちろん書けない。将来志向が肝心だ。その点、成長・発達も、学習も、前向きトピックで、教育学に経営学が合流させてもらう場としては、将来的にも最適だ。人の成長、発達に関心の高い経営学者の変わり種と、企業の中で起こっていることは扱ってこなかった世界で、このパンドラの箱を開けた教育者の（勇気ある、覚悟のある）変わり種と、二人で対談し、共著ができたら、うれしいことだ。そのように思ってから、実現まではわずか一年ちょっとのことであった。大きな気づきを与えてくれた場が、ともにMIT（マサチューセッツ工科大学）であったという共通点は、いい偶然だと思った。たしかに、ラーニングバーにつながるような機会がいっぱいマサチューセッツ州ケンブリッジ市周辺にあった。

共著というものは、よい形、よい色彩でそれが成り立つときには、どこかで共通項がありそこが共鳴し、どこかで異質がありそれもまた響くからだと信じている。

仕事の世界での人の学習、成長、発達というテーマは、おそらく、個人、集団、組織、産業、さらには国家の繁栄にまでかかわる奥行きをもっていると私は思う。大げさなようだが、チームが元気、職場が元気、組織が元気、国が元気というのもすべてレトリックで、大本は一人ひとりの個人のがんばり具合にたどり着く。しかし、人は、がんばるためだけに生きているのではない。今のようにきびしい時代でも、自分らしく生きたいという希望もある。生存できないとその夢は果たせないが、生存できるなら、生きている間ずっと、成長の足音、発達のメロディー、熟達の音感、ある年齢層以降はリーダーシップの唄が聞こえるような生き方がいいと思う。

仕事の世界に入ってからの学習と成長

もしも人の発達が学校にいる間だけなら、それ以後の生活は、いったいなんなのだろうか。夭折《ようせい》しない限り、その後、学校時代よりもっと長く続くのが卒業後の期間である。学びの場が学校しかないのなら、そこにも存在する豊かな学習の場は何なのか。学校を出て仕事の世界に入ってからも、それまでできなかったことができるようになるという意味での発達なら、そこかしこにある。

とうとうフルタイムで働くようになって、それ以降も、成長、発達が続くのはすばらしいことだ。また、経験豊かな成人に適合した教育方法（マルカム・ノールズ流に言えば、アンドラゴジー）も存在する——MBAなどの社会人教育や企業内研修に携わっている人なら知っているはずのことだが、この分野の研究の進展もノールズ以来著しいものがある。中原さんを神鋼ヒューマン・クリエイトの人事研究会のゲストにお迎えするのとほぼ同時期に、同社の広報誌『CREO』の取材で、京都大学大学院教育学研究科で、成人教育を研究している渡邊洋子准教授にインタビューさせてもらった。マルカム・ノールズ、ジャック・メジロー、パウロ・フレイレ、ピーター・ジャービスなど、成人教育の大きな流れについて、しっかり議論させてもらった。

経営学で組織行動や人材マネジメントを研究している人、企業などの組織の人事担当者、教育スタッフには、この分野をもっと知ってほしいと思う。私も、経営学から成人教育へのアプローチを図ることを、これからのライフワークのひとつにしたいと思っている。神戸大学では、ＭＢＡ教育を始めて二十年になるので、経験豊かな成人に対しては、子どもを念頭に編み出されてきた教育法はなじまない。経験の内省や対話をクラスでおこない、経験から出た自分の考え（実践的持論）と、経営学の研究から生まれた理論とをつなげることが肝要だと私は思っている。

生涯キャリア発達が大切なら、経験豊かな成人の発達支援、大人に適した教育のあり方も、また、経営学での未開拓のテーマで、教育学者とのつながりが望まれるテーマである。大人になっても続く成人発達（さらには生涯発達）と、大人にふさわしい成人教育（さらには生涯教育）という大きな分野で、教育学と経営学が交わるのはすてきなことである。また、この交叉領域がこれまで手つかずだったのはもったいないことでもある。

読者のみなさんは、子どものときから、今にいたるまで、できないことができるようになった出来事を思い起こしてほしい。いっぱいあるはずだ。しかも言葉のあやで「学校時代」と言っているが、成人になる前の学校時代にも、学校以外の時空間でもいろんな経験がある。

たとえば、模型やケーキを一生懸命つくっている、少年野球チームやサッカーチームなど仲間とともに打ち込む、地元の祭りの場で大人と山車《だし》を引く、家族で旅行して初めての土地を見聞している、一人で祖父母のところに泊まりにいく、そういうひととき、またそういう場で、子どもなりに学習することがいっぱいある。もっというならば、理想としては、毎日寝泊まりしている家庭そのものが子どもにとって、いろいろ学び、発達する場でもある。そこにいる大人、つまり親が、反面教師でしかないとしたら、それはたいへんに情けないことだ。親もまた学び続け、成長しているのがいい。

フルタイムで仕事の世界に入っても、以前より目線が高まり視野が広がったり、以前だったら逃げだしたような大きな責任にもひるまず引き受け最後までやりきるようになったり、人は仕事の経験を通じて、ずっと成長、発達を続ける。そのためには、経験の意味を内省し、薫陶を受けた人と対話する機会が大事だ。

学校時代と同様、仕事の世界に入っても、会社など働いている場以外でも、学びの機会があるし、それを促進する経験もできる。会社では部長が務まって、地元では自治会長が務まらないとしたら、最悪である。あわせて、仕事が社会性を帯びるはるか以前から、企業などの所属組織外の人とも広く対話する機会をもてることが大事だ。そこから得られる刺激、インプット、知恵、フィードバックが、企業内のそれらとは一味違うからである。私が若いときに（つまり、中原さんの年齢ぐらいのときに）ＭＩＴをベースとする企業者たちのネットワーキングの場を調べたときにもそう痛感した。

ベンチャーをめざさなくても、社外の広い世界との接触も資するところが大きい。仕事の出来映えそれ自体がフィードバックである部分もあるが、内省したことを組織内外の人と話し合えることが、成長のためのフィードバックとして不可欠である。

言葉のセンス——発達を開発と訳す人たち

経営学の中にも、人の問題に深くかかわる分野がある。代表格として、組織行動論(organizational behavior; OB) と人材マネジメント論 (human resource management; HRM) があげられる。ＯＢのテーマの中にキャリア開発 (career development)、組織開発 (organization development)、リーダーシップ開発 (leadership development) というテーマがあり、ＨＲＭの中のテーマとして、人材開発 (human resource development) というテーマがある。もしも、development という言葉に、「開発」という無機質な言葉をあてるのをやめて、「開発」を「発達」とか「育成」と置き換えれば、それだけで、経営学のこの分野の景色はずいぶん違ってくる。実際に、キャリア発達、リーダーシップ育成というほうが、私にはすっきり心に入る。

組織開発は、実践的には、組織にいる大半の人びとにうまく変わってもらうことをめざす試みで、かのK・レヴィンを創始者とする。組織がディベロプされて、そこに働く個人が発達しないなら、あまり賞賛される組織開発ではない。会社の人事部や人材開発センターの方々のみならず、ビジネスパーソン一般にも、人材開発という言葉は、聞き慣れた用語であろう。しかし、資源開発のように地下の埋没資源を掘り起こすわけではなく、まるごと生きている人間のディベロプメントだから、人材発達、あるいは、人材発達支援というのが、いいようにさえ思える。

ここにあげた言葉はすべて、成人して仕事の世界に入ったあとも、人が発達を続けることを含意している。そして、実際に、人は学校を出て、成人としてフルタイムで働き始めてからも、仕事上の経験を通じて、また、仕事のうえで出会った人との関係性の中で、育っていく。

キャリア開発という訳語の違和感は、カウンセリング心理学の渡辺三枝子教授が「キャリア発達」ですべての表記を統一されている、しかも、自然にそうなさっているのを拝見して以来、私も〈キャリア開発〉という表記はやめて、〈キャリア発達〉に変えた。わが国のキャリア・カウンセリングの世界における重鎮が、経営者が意志をもって、その意志を受けてライン・マネジャー、人事部が強い責任感、使命感とともに、キャリア・ディベロプメントをするのなら、〈キャリア開発〉という用語は、〈キャリア発達〉よりも、能動的な働きかけを意味すると主張されたことがある。それも見識だと思ったが、キャリアについても学び、本来は自ら力で発達していくのを、周りが支援するのなら、能動的な場合にも、「開発」よりは、「発達支援」というのがいいと私は思う。

ミドルの発達課題——若手の学習・発達支援

発達のミドルポイントで、いわば山の中腹に差し掛かる前後に、人は、組織ではミドルマネジャーになり、人生ではミドルエイジにさしかかる。登用されるのが早い人なら、30代半ばぐらいだから、リフレクティブ・マネジャーは、ミドルに差し掛かる前か、大半の人はミドル真っ最中に自分が学ぶだけでなく、人が学ぶのを支援する役割、育成の役割を高めていく。

生涯発達心理学において、ミドルになる頃には、より若い人びととのキャリア発達の支援、そのための学習支援をできること自体が、そのミドルの発達課題――言葉は堅いが、世代継承性（generativity）と言われる――になってくることが知られている。

ミドルの頃になって停滞感をもつ人がいるが、発達を続けるなら、ミドル以降がいっそう充実するはずだ。カール・G・ユングは、人生の正午以降に、真の個性化（individuation）が起こるものだと主張した。ミドルの頃に、それまでの経験を十分に生かして、人生の後半に、よりいっそう自分らしい納得のいく仕事を成し遂げる。そのことによって、その成果が会社にも社会にも役立つ。身近では、その過程で一緒に仕事をした人が育つ。身近な次世代の部下たちを育てるだけでなく、ミドル以降の仕事を通じて、次世代、次々世代の人たちにまで喜ばれるものを世に残すことができればいうことはない。このことは、エリク・H・エリクソンが提唱し、ダン・P・マクアダムズ、ジョン・コートルが注目する世代継承性にかかわってくる。

産業界にもっと広まっていい語彙のひとつに、「生涯発達（life span development）」という言葉がある――教育学系の用語なので、幸い経営学と違って、だれも、「生涯開発」などというおぞましい訳はしない。実は、世代継承性はミドルの頃の発達課題（developmental task）である。思春期にはじまり、仕事の世界を選ぶ頃に解決したと思われがちだが、実際にはそうでないことが多い。

興味深いことに、広島大学の岡本裕子教授が解明したように、アイデンティティ（自分らしさ）の問題は、中年期にもまたクローズアップされる。それはとりもなおさず、キャリア、人生の半ばにいること自体が、節目となるからだ。節目だから、来し方を振り返り、将来を展望する。そこであらためて、四〇歳から四五歳頃の中年への過渡期に、もう一度、「私とはなにか」という問いが浮上しても不思議ではない。それを描いた方が、残り半分の人生をより充実させることができるだろう。しかも、他の人と自分は違うという切断・分離の原理から生まれるアイデンティティだけでなく、関係性の中で自分らしさをみつけるアイデンティティという側面がある。

このことを発見し強調したのは、日本では岡本さんで、アメリカではキャロル・ギリガンというように、女性の学者である点が興味深い。早い時期から、ユング派の故・河合隼雄は、分離という男性性だけでは説明できない女性性の視点を強調された。関係性を大事にする日本のよい面も、それに浸りすぎるときの日本の病理的な面も、母性社会として描いてこられた。

さらに先には、統合や自己肯定という発達課題があり、七〇代、八〇代でその発達課題をクリアした人でないと語れないような叡智《えいち》（wisdom）というものがある。カール・ユング的には、これは男性性と女性性の統合であるといってもよい（それを、ユングは真の個性化とも呼んだ）。世の中には、「老愚者」もいるが、ユングが原型として考えた「老賢人」には、そういう経験豊かな人でないと物語れない叡智もしくは知恵がそなわっている。ここでもミドルのときと同様に、継続する自分探しがある。シャロン・カウフマンによれば、七〇代、八〇代になっても、自分らしさ、アイデンティティがテーマとなる。街を歩いていて、ショーウィンドウに映った自分を見て「ひえー、歳とっている！」と独白しつつ、そこに映っているこの私の生き方を内省し、将来展望する。精神が健康であれば、残りの期間が短くなるほど、いっそう、本当にやりたいことを探索するために、内省する。その内省は、将来展望につながる。

七〇代、八〇代でそうなのだから、定年延長があっても、六〇歳、六五歳定年は、人生の「あがり」ではない。いつまで経っても続くアイデンティティの探求を想定しなかったら、引退後にトロイの遺跡を発掘したシュリーマンや、同じく引退後に、『大日本沿海輿地全図』を作成した伊能忠敬の姿は、うまく共感的に理解できない。人がいくつになっても、学校という世界において思春期ぐらいから、より幼いときよりも深く自分とはなにかという問いに目覚め、卒業後は仕事の世界において、さらに退職後はより自由な時間の中で、自分らしさを追求しつつ、発達を続けているのはすてきなことだと思う。

理想論だと言われそうだが、今の経営学の組織行動論や人材マネジメント論がそれを忘れがちなら、こういう希望を語ることも大事だと私は思う。きびしい時代にこそ、いっそう希望や夢が大事と思える人が、リジリアンス（しなやかさ、弾力性）やリデンプション（挽回力）の高い人だ。経営学では今後、このテーマは、ポジティブ心理学の影響を受けたポジティブ組織行動論が担っていくだろう。

経営者の中に、入社後も社員が成長することを重視している方々がおられるので、教育学と経営学の連携とあわせて、教育学者・経営学者と経営者との連携も大切になっていくであろう。思えば、私のいる関西でも、大阪ガスの大西正文さんは、かつて社長、会長当時、ずっと「人間成長の経営」を提唱され実践した。「人間尊重」は当たり前で、どうやったらいちばん尊重していることになるかというと、成長してもらうことだという持論である。大西さんが社長であった当時に、人事担当の役員をしていた国重茂幸さんによれば、異動に際して大胆な案で問題になると思ったケースでさえ、「そこに異動させれば、大きく育ちますよ」と社長に対して提案すれば決済が下りたそうである。

働く人の成長を大切にする経営者と、働く人の成長を扱う教育学と経営学とが、合流していく基盤がないわけではない。だが、まだ足りないというのが、われわれの認識である。

『仕事で「一皮むける」』のある意味、続編でもある

経営学部や大学院経営学研究科では、人の成長、発達という言葉が、日常のボキャブラリーにも、学問的なボキャブラリーにも、含まれていないことを示したエピソードがある。それは、論文審査時のやりとりにかかわる。キャリアの節目をうまくくぐることは担当者としてうまく貢献できた人が、大勢の部下をもつ管理職になるキャリアの節目でつまずき、それを乗り越えるのにけっこう苦労するケースがある。よく仕事ができることと、うまく人を動かせることは違うからだ。担当者の間にはマスターできていなかったこの課題をクリアして、一人ではできないほどスケールの大きな仕事を成し遂げ、また、部下を育てる伯楽にもなれたとしよう。私は、なんの疑いもなく、これは、発達の問題だとずっと考えてきた。だから、私の教え子が、博士論文で管理職の節目をくぐるときの適応問題を、同時に発達の問題として捉える視点に共感した。ところが、博士論文として提出できるかを議論する仮審査委員会の場で、審査の教授から、「管理職になることを発達とはいわないでしょう。……経営学で、

管理職になるという適応課題を発達課題ともいわないでしょう」という丁重なコメントをもらった。たしかに言われればそのとおり、たぶん、私の方が経営学者としては、逸《そ》れているのだろうと、あらためて気づかされた。

そのように私が考えるのは、間違いなく、教育学部で四年過ごした自分のルーツにかかわってくる。まわり中の人びとが、教育や発達とかかわる視点で人間の問題を考え議論するような場に身を置いたという原風景が、その後、経営学で組織行動論を専攻するようになってもずっと尾を引いてきたと思う。

実は、光文社新書で、私にとっては一冊目の書籍、『仕事で「一皮むける」』を出させていただいたときから、キャリア上脱皮するような経験を、発達の問題として捉える視点を貫いてきた。その前作では、大人になって、仕事の世界に入ってからの、仕事と薫陶（対話）を通じての、成長と発達を扱わせていただいた。ある意味では、本書は、ありがたいことに共著の形で、同じテーマをバージョンアップした形で扱っている面もあるので、金井にとっては、続編という側面もある。もちろん、バージョンアップしている部分については、中原さんに負うところが多い。中原さんにとっても、『企業内人材育成入門』で着手され、『ダイアローグ　対話する組織』で実践も踏まえて深まった後の、続編ということになるのだろう。

そして、もちろん、これからがお互い肝心だ。

共著者・中原淳さんとの交叉

だから、繰り返しになるが、人は、仕事の世界に入ってからも、仕事上の経験とそこで受ける薫陶を通じて、発達していくのだという視点を、共著というメリットを活かして、以前より重層的に、複眼的に訴えたいと思った。教育学と経営学がこんなところで合流するのだということを、読者のみなさんにも発見していただきたいという気持ちもある。一人ひとりの働く個人には、また、会社の中で部下の育成にもかかわるマネジャーたちにも、もちろん、人材開発（できれば、人材発達支援と呼ぼう）の責任者にも、そのメッセージをお送りしたい。それをするのなら、共著者は、中原淳さんをおいていないとかねてより願っていた。中原さんが、『企業内人材育成入門』を上梓し、東京大学ではラーニングバーという文字通り、大人になっても仕事の世界で、しかも「ともに」学び続ける場を継続的に提供するパワーに感銘した。教育学の専門家が、企業の人材育成について、本格的に、（学会誌だけでなく）産業界にも発言する。そういう姿を待っていたのは、私だけではないと思う。だから、毎回のラーニングバーには、産業界の方々が大勢訪れるのだろう。

本書が結実するまでの第一ステップは、『企業内人材育成入門』を通じて、中原さんたちが、教育学の知見を企業内人材育成に体系的に応用できることを示されているのを知ったこと。

第二ステップは、先述したように神戸において神鋼ヒューマン・クリエイトを事務局に、九五年より十年越しでおこなっている人事の研究会で、人材育成の問題をとりあげたこと。その際に、中原さんにゲストでお越しいただいた。一昨年のことだった。研究会のメンバーも私も、ここに豊富な研究課題、実践課題が存在することがわかった。

第三ステップとして、今後は逆に、中原さんが慶應学術事業会でおこなっている研究会に私をゲストとして呼んでくださったこと。モティベーションの自己調整の話をしたが、他のすべてのセッションも、どこかで大人の学びと成長とかかわっており、興味深く思った。

第四ステップは、今までもコンタクトがあった光文社さんに、一緒に本を出したいと申し出ると、あとは、とんとん拍子だった。編集・構成を通じて、黒田剛史さん、秋山基さんにお世話になった。感謝の気持ちをこめて、お名前を記しておきたい。この四名のチームで私たちが、この共著の新書のために、対話を大阪ヒルトンでスタートし、有馬で再度、長時間議論するまでの間に、先述の『ダイアローグ　対話する組織』が出版された。仕上げ段階では、そこからもいっそうの刺激を得た。

本書がもたらしてほしいもの（デリバラブル）

このささやかな新書がきっかけで、経営学と教育学との対話がいっそう進むことを祈る。その対話が、働く人びとに意味ある学習、アクションにつながる内省を生み出すことを期待したい。大きな組織変革もまた、そういう個人の学びを素にしつつ、その連携から生まれる。だから、読むという行為は、一人でおこなうことではあるが、この書籍を読んだ人が身近にいれば、また、思わぬところでそういう人と出会ったら、対話を大事にしていただきたい。

研究をおこなっている人たちの間、また、社会人になってからＭＢＡや教育学大学院で学んでおられる方には、経営学の組織行動論や人材マネジメント論（中でも、人材開発論――やがて人材発達論と改称されることだろう）の世界と、教育学における成人教育やワークプレイスラーニングなどの世界とを、もっとうまく架橋することをめざしてほしい。私もその方向で尽力したい。また、そのために、社会人になってからまた大学院に挑戦する人が増えることも、ともに大学に勤務する著者として読者に望みたい。

学習することは力であり元気の素であり、自ら学ぶだけでなく他の人と対話したり学習支援したりできるのは誇らしいことでもある。大げさなようだが、大人になっても学び続ける人が増えることが、ひいては職場、組織、産業、国、さらに世界（地球）の活力にまでかかわるという認識も高めていきたいし、また、そのような問題意識をもった実践的研究を、私たちも継続して、本書ではまだ萌芽的で舌足らずのところについては、みなさんにお届けできる素材をさらに蓄積していきたい。

金井壽宏

二〇〇九年九月

編集協力／秋山基
図版作成／デマンド

中原淳（なかはらじゅん）

東京大学大学総合教育研究センター准教授。1975年、北海道生まれ。大阪大学博士。「大人の学びを科学する」をテーマに企業・組織における人々の学習・成長・コミュニケーションについて研究。共編著・共著に『企業内人材育成入門』『ダイアローグ 対話する組織』（以上、ダイヤモンド社）など多数。研究の詳細は、Blog：NAKAHARA-LAB.NET（http://www.nakahara-lab.net/）。

金井壽宏（かないとしひろ）

神戸大学大学院経営学研究科教授。1954年、兵庫県生まれ。Ph.D.（マサチューセッツ工科大学）。リーダーシップやキャリア、モチベーションなど、人の発達や心理的側面に注目する。主著に『変革型ミドルの探求』（白桃書房）、『働くひとのためのキャリア・デザイン』（PHP新書）など多数。

リフレクティブ・マネジャー　一流《いちりゅう》はつねに内省《ないせい》する

2009年10月20日初版1刷発行
2015年1月25日　　3刷発行

著　者——中原淳　金井壽宏
発行者——駒井　稔
装　幀——アラン・チャン
印刷所——萩原印刷
製本所——ナショナル製本
発行所——株式会社光文社
東京都文京区音羽1-16-6（〒112-8011）
http://www.kobunsha.com/
電　話——編集部03（5395）8289　書籍販売部03（5395）8116
業務部03（5395）8125
メール——sinsyo@kobunsha.com

ISBN 978-4-334-03528-0

光文社新書

光文社新書

081
論理的思考と交渉のスキル
高杉尚孝

ロジカル・シンキングも、ビジネスの実践で使えなければ意味がない！　現代人に必須のスキルである論理的交渉力を、この一冊で身につける。

188
ラッキーをつかみ取る技術
小杉俊哉

人の評価を気にしない、組織から離れてみる、嫌なことはしない、絶対にあきらめない……。キャリアが見えない時代に、こちらから積極的にラッキーを取りにいくためのキャリア論。

210
なぜあの人とは話が通じないのか？
非・論理コミュニケーション
中西雅之

交渉決裂、会議紛糾――完璧な論理と言葉で臨んでも、自分の意見が通らないのはなぜ？　コミュニケーション学の専門家が解説する、言葉だけに頼らない説得力、交渉力、会話力。

257
企画書は1行
野地秩嘉

相手に「それをやろう」と言わせる企画書は、どれも魅力的な一行を持っている――。自分の想いを実現する一行をいかに書くか。第一人者たちの「一行の力」の源を紹介する。

286
接待の一流
おもてなしは技術です
田崎真也

なぜ日本人男性は「もてなしベタ」なのか？　世界一ソムリエが、必ず相手に喜ばれるもてなし術を「接待編」と「デート編」に分けて解説。これをマスターすれば、人生が変わる！

403
夢をカタチにする仕事力
映画祭で学んだプロジェクトマネジメント
別所哲也

「短編映画のすばらしい世界を、みんなにも知ってもらいたい」――手弁当で始めた映画祭が、アメリカ・アカデミー賞公認のビッグイベントに！　生みの親による体験的ビジネス論。

417
キラークエスチョン
会話は「何を聞くか」で決まる
山田玲司

会話は「何を話すか」ではなく「何を聞くか」で決まる――聞き役に徹して、相手の心の奥にある固い扉をこじ開ける質問を重ねれば、人間関係は必ず良くなる。初対面も怖くない！

光文社新書

270
若者はなぜ3年で辞めるのか?
年功序列が奪う日本の未来
城繁幸

仕事がつまらない。先が見えない――若者が仕事で感じる漠然とした閉塞感。ベストセラー『内側から見た富士通「成果主義」の崩壊』の著者が若者の視点で探る、その正体とは?

289
リーダーシップの旅
見えないものを見る
野田智義　金井壽宏

内なる声を聴き、ルビコン川を渡れ! 世界がまったく違って見えてくる――「不毛なる忙しさ」に陥っているすべての現代人へ。一歩を踏み出すきっかけとなる書。

346
会社を替えても、あなたは変わらない
成長を描くための「事業計画」
海老根智仁

あなたのやっていることは、本当に今やるべきことですか?――上場企業の現役経営者が語る、会社を飛躍的に成長させ、個人の明確なキャリアを築くツールとしての〝事業計画書〟。

368
組織を変える「仕掛け」
正解なき時代のリーダーシップとは
高間邦男

激しい環境変化に合わせて、組織を変えるには? 求められるリーダーシップのあり方は? 数多くの企業の組織変革に関わり、実績をあげてきた著者が、その方法論の一端を明かす。

385
新入社員はなぜ「期待はずれ」なのか
失敗しないための採用・面接・育成
樋口弘和

一見優秀な「ダメ人材」に、騙されていませんか? 300社以上の人事コンサルティングに携わった経験から、今時の若者たちの採用・面接・育成のコツを分かりやすく教えます。

393
会社に人生を預けるな
リスク・リテラシーを磨く
勝間和代

日本が停滞する「すべての原因」は終身雇用制にあり。個々人は、企業は、国は、何を考えなければならないのか――。リスクをチャンスに変えるための、具体的提案の書。

394
会社の電気はいちいち消すな
コスト激減100の秘策
坂口孝則

「コスト削減」「節約」のかけ声も空しく、なかなかうまくいかないのはなぜか? それは社員自らが率先して動くための三つの「しかけ」がなかったためだ! デフレ時代の必読書。